THÈSE

pour le Doctorat.

par

Du Bahuno du Liscoët (Édouard)

Poitiers. 1856.

Impr. de A. Dupré, rue de la Mairie, 10

FACULTÉ DE DROIT DE POITIERS.

DE

LA SOLIDARITÉ

EN DROIT ROMAIN,

DANS LE DROIT COUTUMIER

ET EN DROIT FRANÇAIS.

DISSERTATION

PRÉSENTÉE

A LA FACULTÉ DE DROIT DE POITIERS

POUR OBTENIR LE GRADE DE DOCTEUR

ET SOUTENUE

Le vendredi 14 mars 1856, à 2 heures et demie de l'après-midi,

DANS LA SALLE DES ACTES PUBLICS DE LA FACULTÉ,

Par M. Edouard du Bahuno du Liscoët,

AVOCAT,

Né à Napoléon-Ville (Morbihan).

POITIERS,

IMPRIMERIE DE A. DUPRÉ,

RUE DE LA MAIRIE, N° 10.

1856.

COMMISSION :

PRÉSIDENT,	M. PERVINQUIÈRE (A.) ✳.	
	M. FOUCART ✳.	Doyen.
SUFFRAGANTS,	M. RAGON,	Professeur.
	M. LEPETIT,	
	M. MINIER,	Suppléants.

----◦◦◦----

Vu par le président de l'acte public, PERVINQUIÈRE (A.) ✳.

Vu par le doyen, FOUCART ✳.

Vu par le recteur, DE LA SAUSSAYE ✳.

Les visas exigés par les règlements sont une garantie des principes et des opinions relatives à la religion, à l'ordre public et aux bonnes mœurs (statut du 9 avril 1825, art. 11), mais non des opinions purement juridiques, dont la responsabilité est laissée au candidat.

Le candidat répondra en outre aux questions qui lui seront faites sur les autres matières de l'enseignement

A LA MÉMOIRE DE MON PÈRE ET DE MON FRÈRE.

Regrets éternels.

A MA MÈRE ET A MA SŒUR,

Respect et amitié.

A VOUS QUE J'AIME,

Attachement sincère,

A MES PROFESSEURS,

Hommage reconnaissant.

DE
LA SOLIDARITÉ

EN DROIT ROMAIN,

DANS LE DROIT COUTUMIER

ET EN DROIT FRANÇAIS.

NOTIONS GÉNÉRALES.

DISTINCTION DES OBLIGATIONS SOLIDAIRES ET DES OBLIGATIONS CONJOINTES.

Plusieurs personnes peuvent, dans une affaire commune, jouer le rôle soit de débiteur, soit de créancier : si chaque créancier ou chaque débiteur est créancier ou débiteur pour le tout, il existe ce que l'on appelle la solidarité; mais si au contraire chaque créancier ou chaque débiteur n'est créancier ou débiteur que pour sa part et portion, il y a alors non plus solidarité, mais une obligation conjointe. A Rome, l'on appelait les créanciers solidaires *duo rei credendi*, les débiteurs solidaires, *duo rei debendi*; on les appelle aussi *correi credendi et debendi* (loi 3, § 3, D. de liberatione legata). Quand la solidarité résulte de la stipulation, les créanciers et débiteurs solidaires se nomment alors *rei stipulandi et promittendi. Rei* signifie parties intéressées, de *res*, chose, affaire.

Mais, en droit romain, les obligations solidaires ne sont pas, comme en droit français, d'une seule espèce. Nous croyons donc devoir les diviser de suite en deux espèces distinctes : d'abord les obligations que nous appellerons corréales, et ensuite d'autres obligations auxquelles nous conserverons le nom d'obligations solidaires proprement dites.

1

Nous allons d'abord voir les caractères de l'obligation corréale, puis nous verrons les caractères de l'obligation solidaire.

CARACTÈRES DISTINCTIFS DE L'OBLIGATION CORRÉALE.

Dans l'obligation corréale, l'obligation est une, son objet étant unique (l. 3, § 1, D. *de duobus reis*). Toutefois si, laissant de côté l'objet de l'obligation, l'on considère simplement les personnes, l'on peut dire qu'il y a plusieurs obligations, ou plutôt plusieurs liens de droit (l. 9, § 2, D. *de duobus reis*).

Mais comment concevoir que dans l'obligation corréale il y ait plusieurs créanciers ou plusieurs débiteurs et qu'il n'y ait qu'une seule obligation ? C'est que l'obligation corréale active flotte pour ainsi dire incertaine entre tous les créanciers jusqu'à ce que l'un d'eux, en prévenant les autres, la fixe sur lui comme s'il eût seul stipulé, et s'en rende le seul et unique maître : ce que la loi 31, § 1, D., l. 46, t. 2, exprime fort bien. Chaque créancier est considéré comme s'il avait seul stipulé, sauf que, par le fait de son cocréancier, il peut perdre son débiteur. De même l'obligation corréale passive reste en suspens entre tous les débiteurs jusqu'à ce que l'un d'eux ait été assigné.

De ce que l'obligation est une quant à l'objet, résultent plusieurs conséquences. Le payement fait par le débiteur à l'un des créanciers le libère envers tous les autres, et le payement fait par un débiteur au créancier décharge tous les autres débiteurs. En effet, le payement est un mode d'extinction de l'obligation se rattachant à l'objet ; il faut en dire autant des autres modes d'extinction relatifs à l'objet (Instit. *de duobus reis*, § 1).

Le fait d'un des débiteurs portant sur l'objet de l'obligation la modifie à l'égard de tous. La chose périssant par la faute d'un débiteur, tous en doivent la valeur : *Ex duobus reis ejusdem stichi-factis promittendi, alterum factum alteri nocet* (l. 18 *de duobus reis*).

De ce qu'il y a plusieurs obligations au point de vue des personnes dérive cette conséquence : c'est que l'une pourra être nulle, si l'un des copromettants ou costipulants est incapable, les autres restant valables ; la dissolution de l'une n'entraîne pas celle des autres. De plus, l'un des codébiteurs peut être obligé à terme ou sous condition, l'autre purement et simplement.

Les trois caractères de la corréalité sont donc : *plures personæ, una obligatio ; uno ex creditoribus accipiente, solvitur obligatio ; uno ex debitoribus solvente, cæteri liberantur.* Mais le caractère dominant est l'unité d'action.

OBLIGATIONS SOLIDAIRES.

Les obligations solidaires de la deuxième espèce, auxquelles nous conserverons le nom de solidaires proprement dites, ressemblent aux obligations corréales. Mais voici la différence immense qui les sépare : c'est que, dans le cas de l'obligation corréale, il n'y a qu'une obligation, et partant qu'une action ; tandis que, dans le cas d'obligations solidaires, il y a autant d'obligations et d'actions que de débiteurs.

De plus, si la corréalité n'a sa cause que dans le testament et dans la convention, la solidarité dérive en outre de la loi : ainsi, au dire de M. Molitor, en vertu de la loi, il y a solidarité active et passive entre plusieurs *argentarii*, c'est-à-dire entre des banquiers qui sont associés, et dont un seul peut constituer les autres créanciers ou débiteurs solidaires (l. 27, D., liv. 2, tit. 14). C'est, du reste, ajoute-t-il, le seul exemple que les lois romaines nous donnent de solidarité proprement dite entre créanciers.

Je ne sais si l'on doit se ranger ici de l'avis du savant écrivain. En effet, nous ne voyons aucun texte qui nous paraisse décider que la société puisse s'établir entre créanciers sans convention et par le fait seul de la loi ; s'ils sont associés, c'est alors plutôt d'après les termes dont ils se sont servis ou de la forme de l'acte.

Mais l'on rencontre les cas suivants de la solidarité passive établie par la loi : s'il s'agit de cotuteurs administrant en commun, généralement ils ne répondent envers le pupille que pour partie ; mais, par exception, ils sont responsables pour le tout, quand tous sont coupables de négligence (l. 1, § 43, D. *depositi*, liv. 16, tit. 3).

Si plusieurs ont commis le même vol, ils seront condamnés solidairement à restituer la chose volée (l. 1 *de condictione furtiva*, Code, liv. 4, tit. 8). Remarquons cependant qu'il ne s'agit que de la *condictio furtiva* (action en indemnité) ; car, pour l'action *furti*, action pénale, l'on peut exiger le tout de chacun des délinquants (*Droit privé des Romains*, de Marezoll, annoté par Pellat). La loi 16, § 9, *de jure fisci*, liv. 49, tit. 14, contient pourtant une exception. Si plusieurs ont fraudé les droits du fisc, nous dit la loi, ils ne seront pas tenus *in solidum*, comme dans l'*actio furti*; mais ils supporteront, suivant leur part virile, la peine du quadruple portée contre eux; seulement les solvables payeront pour ceux qui ne le sont pas.

La solidarité pouvait avoir lieu au cas de quasi-délit aussi bien qu'en cas de délit. La loi 3, D., liv. 9, tit. 3, *de his qui effuderint*, nous offre l'exemple d'une condamnation solidaire à la réparation du dommage causé; l'action est donnée contre tous les habitants de la maison *unde aliquid dejectum est*, parce que l'on ne connaît pas le coupable.

Le juge, par sa sentence, pouvait encore faire naître une obligation solidaire entre les divers condamnés. (Liv. 7, tit. 55, c. 11, *plures una sententia condemnati*, loi 5.)

Il y a encore obligation solidaire au cas où plusieurs personnes se sont réunies dans un contrat et se sont soumises à la même obligation, sans que rien n'indique qu'elles aient voulu s'obliger comme des *correi*. La loi 1, § 43, liv. 16, tit. 3, pour le dépôt, et la loi 5, § 15, liv. 13, tit. 6, pour le commodat, confirment ces principes.

La différence entre l'obligation corréale et l'obligation solidaire est donc que dans l'obligation corréale l'obligation est une ; dans l'obligation solidaire, elle est multiple ; les autres différences ne sont que la conséquence de cette première.

L'exercice de l'action contre l'un des débiteurs n'éteint pas le droit de poursuivre les autres.

Les modes d'extinction de la créance qui n'indemnisent pas entièrement le créancier ne libèrent pas les débiteurs.

SOURCES DIVERSES DES OBLIGATIONS CORRÉALES.

La corréalité a pour source la convention et le testament; dans l'ancien droit, sa source unique était même la stipulation.

D'après le *præmium* du tit. 16, liv. 3, Inst., deux personnes devenaient *duo rei stipulandi*, lorsque les deux interrogations précédaient
la réponse ; deux personnes devenaient, à l'inverse, *duo rei promittendi*, lorsque les deux réponses suivaient l'interrogation faite aux
deux en même temps. De cette façon, l'acte ne formait qu'un seul
tout ; autrement, si la première interrogation eût été suivie d'une
réponse, et si une seconde interrogation avait amené une seconde
réponse, il y aurait eu deux actes séparés, et par suite deux obligations distinctes. Il ne fallait donc pas que les questions et les réponses fussent intercalées. Cependant il importait peu qu'un court
espace de temps s'écoulât entre les deux promesses, ou même qu'un
acte peu important vînt à les séparer, pourvu que cet acte eût trait à
l'obligation, comme un cautionnement (D. 45, t. 2, liv. 6, § 3). Mais
si une promesse était faite aujourd'hui et l'autre le lendemain, il
n'y avait plus de corréalité (loi 12, t. 2, liv. 45).

L'intention des parties ne devait-elle pas prévaloir contre l'inob-
servation des formalités que nous venons de décrire? A l'époque où
le formalisme constituait l'essence de la loi, les parties ne pouvaient
s'écarter des formes prescrites ; mais en 469, quand l'empereur Léon
fit paraître sa constitution et abrogea les paroles solennelles, il nous
semble que l'on dut moins se préoccuper des formes et tenir plus
compte de la volonté des parties. Cette opinion, qu'adopte Vinnius
dans son commentaire des Instituts, trouve un puissant appui dans
la loi 3 d'Ulpien (D. 45, t. 2) : *In duobus reis promittendi frustra ti-
metur novatio ; nam licet ante prior responderit, posterior etsi ex inter-
vallo accipiatur, consequens est dicere, pristinam obligationem durare,
et sequentem accedere, et parvi refert simul spondeant, an separatim
promittant : cum hoc actum inter eos sit ut duo rei constituantur, neque
ulla novatio fiet.*

Néanmoins plusieurs auteurs s'en tiennent au texte des Instituts,
et essayent d'expliquer cette loi 3 dans un autre sens. Si l'on veut
les croire, l'espèce du texte est la comparaison entre le cas où les
réponses sont faites simultanément par les copromettants, *sponde-
mus*, et le cas où elles ont été faites séparément par chacun d'eux,
spondeo. Mais si l'on adopte le sentiment de ces derniers, nous ne

verrons plus les questions et les réponses intercalées, et il n'y a plus à craindre de novation, comme le texte l'exprime à deux reprises différentes; et il nous paraît difficile de ne pas rejeter cette interprétation plus ingénieuse que vraie.

C'est avec raison que M. Ducaurroy enseigne que les copromettants peuvent être solidaires, lorsque avant de répondre ils ont tous été interrogés, sans qu'il puisse rien résulter de ce qu'ils aient été interrogés ou de ce qu'ils aient promis tous ensemble, en parlant au pluriel, ou séparément en employant le singulier; mais ajoutons que, bien qu'une première interrogation ait été suivie d'une réponse, et qu'une seconde interrogation ait eu lieu encore suivie d'une seconde réponse, il y aura encore solidarité, si telle est la volonté des parties.

D'ailleurs les fidéjusseurs et les autres *adpromissores* ne s'obligeaient-ils pas par interrogations séparées, sans que pour cela leur obligation comprît deux objets? Pourquoi donc les cobligés principaux n'eussent-ils pas pu faire usage de ce mode? Cependant il n'est pas indispensable, quelle que soit la forme employée, que les parties manifestent en termes exprès l'intention d'établir la corréalité? C'est à tort que Domat, *Lois civiles*, l. 3, sect. 1re, § 2, a induit le contraire d'un passage de Papinien qui forme les §§ 1 et 2 de la loi 11 *de duobus reis*. Dans ce texte, le jurisconsulte rapporte qu'on lui a présenté un écrit renfermant une stipulation; cet écrit portait simplement que tel et tel avaient stipulé 100 sesterces; mais de quelle manière? s'étaient-ils rendus *correi stipulandi*, ou chacun d'eux n'avait-il stipulé que 50? l'écrit était silencieux sur ce point. Dans le doute, le jurisconsulte a répondu que la stipulation avait dû être faite de la manière la moins onéreuse pour le débiteur, c'est-à-dire *pro parte virili*. A l'inverse, l'écrit portait que tel et tel avaient promis 100 sesterces, sans mentionner les circonstances de la stipulation. Le jurisconsulte a décidé que chacun d'eux n'était tenu que de 50; mais Papinien ne veut pas dire qu'il aurait fallu que les parties prissent dans l'acte la qualité de corrées; il constate seulement qu'il ne ressort pas suffisamment de l'écrit qu'elles aient voulu établir la corréalité. (*Voy.* loi 8, liv. 45, t. 2.)

Quid du cas où le stipulant ayant interrogé deux personnes qui offrent de se porter *correi debendi*, l'une promet, tandis que l'autre, se ravisant, refuse de répo: dre? Le refus du dernier rend-il illusoire la première promesse? Ce qui peut donner naissance au doute, c'est qu'il est permis de croire que chacun des deux n'entendait se lier qu'au cas où son collègue s'obligerait également. Julien, cependant, décide qu'il faut considérer le premier débiteur comme engagé purement et simplement, et demeurant chargé de toute l'obligation. (*Voy.* Cujas sur la loi 9 *de duobus reis*, D. 45, t. 2)

Du testament.

Une autre source de corréalité également admise par tout le monde était le testament; la loi 9 du titre *de duobus reis* est formelle à cet égard. Généralement l'emploi de la conjonction *aut* suffisait pour l'établir; cependant nous devons distinguer quant aux créances. La loi 16, *de legatis*, liv. 31, nous offre l'exemple de solidarité active établie par testament. *Si Titio aut Scio utri hæres vellet, legatum relictum est, hæres alteri dando ab utroque liberatur; si neutri dat, uterque perinde petere potest, atque si ipsi soli legatum foret, nam ut stipulando duo rei constitui possunt, ita et testamento potest id fieri.* Pas de doute dans cette hypothèse, vu l'adjonction *utri hæres vellet*.

Mais il n'en fut pas ainsi de la conjonction *aut* employée seule, regardée comme suffisante par un grand nombre de jurisconsultes pour établir la corréalité. Justinien, dans la constitution 4, au Code, liv. 6, t. 38, déclara que *aut* ne suffisait pas, et que dorénavant *aut* équivaudrait à *et* lorsqu'elle unirait les noms des légataires de la même chose, de sorte que cet objet serait partagé entre eux. Le but véritable que Justinien voulait atteindre était de faire cesser les discussions continuelles auxquelles ces dispositions ambiguës donnaient lieu.

Au surplus, la constitution ne dit rien de la corréalité passive; l'on doit donc admettre qu'à toutes les époques la disposition *Titius aut Clenius hæres meus Sempronio decem dato*, établit les héritiers débiteurs du legs *correi debendi*. (D. 3° 48, § l^{er}, *de legatis* 1°; D. 32, liv. 25, *de legatis*.)

La loi 8, § l^{er}, *de legatis* 1°, en est une preuve : *Si ita scriptum sit : Titius hœres meus aut Mœvius hœres meus decem Seio dato, cum utro velit Seius aget, ut si cum uno actum sit et solutum, alter liberetur, quasi si duo rei promittendi in solidum obligati fuissent.*

Toutefois Dumoulin soutient qu'il n'y a pas là deux *correi*, et que les héritiers sont seulement obligés *in solidum*; d'où il conclut que le fait de l'un ne nuira pas à l'autre, et il invoque l'expression *quasi si* qui précède *duo rei promittendi* (Dumoulin, *Dividui et individui* part. 3, n°s 154 et 155).

Mais nous préférons l'opinion de Barthole, qui traduit *quasi* par *quemadmodum*, d'autant mieux que la conjonction conditionnelle *si,* sur laquelle s'appuie Dumoulin, a été ajoutée par conjecture. L'on peut encore sur ce point invoquer l'opinion de Cujas, toute favorable à l'interprétation que nous adoptons. C'est justement une des lois qu'il invoque pour démontrer la nécessité du payement pour la libération des *correi.*

Nous aurions épuisé ce que nous avons à dire sur cette cause de corréalité, si nous ne devions relever une inexactitude de copiste qui s'est glissée dans le *præmium* de la loi 9 *de duobus reis*, 45, 2, D. Tous les auteurs sont unanimes pour reconnaître que *et* doit être remplacé par *aut* dans la phrase qui se termine ainsi : *Titius et Mœvius Sempronio decem dato* (Cujas, tit. 10, p. 554; Pellat, à son cours). En effet, cette loi dit : *Ut puta, si, pluribus hœredibus institutis, testator dixit : Titius et Mœvius Sempronio decem dato.* Eh bien, conservant *et,* le sens serait : Titius et Mœvius, donnez dix à Sempronius. Il y aurait alors un partage égal des dix entre les deux héritiers; chacun ne devrait que cinq. Mais telle n'est pas l'intention du testateur; il a voulu que le légataire pût demander solidairement les dix à l'un ou à l'autre. Remplaçant *et* par *aut,* la phrase se comprendra : Titius ou Mœvius, donnez dix à Sempronius. *Et* exprime toujours un concours, un partage; puis cette correction est nécessaire pour concorder avec *dato.*

En résumé, nul doute que la solidarité résulte aussi bien du testa-

ment que de la stipulation. Mais faut-il limiter à ces deux causes la
corréalité? Certains auteurs l'ont soutenu, sans justifier la restric-
tion qu'ils adoptaient autrement que par ce raisonnement : la corréalité ne devait naître, en droit romain, que des formes strictes de la
stipulation et du legs. Ceux qui ont poussé plus avant leurs investi-
gations, et qui ont découvert de nouvelles sources dans les textes du
Digeste, ne s'accordent pas toujours sur ces sources; cette question
est donc l'une des plus délicates du sujet.

Autres sources.

Nous allons voir maintenant successivement si la corréalité pouvait
naître dans les obligations *litteris*, si elle pouvait résulter du constitut, si elle était engendrée par les contrats de bonne foi, et enfin ce
que nous devons penser du *mutuum*.

D'abord au Digeste nous trouvons deux textes attestant que par
l'obligation littérale l'on arrivait au même résultat que par l'obligation verbale; ce sont les lois 9 *de pactis* et 34 *de receptis* (D., t. XIV,
l. 9; D. 4, t. 8, liv. 34). Il est vrai que ces lois ne parlent que d'*argentarii*; mais ceci ne doit nullement nous étonner, puisqu'au temps
de Justinien les obligations littérales n'étaient plus en usage que parmi
eux.

L'obligation corréale pouvait encore résulter du constitut, quand
deux personnes prenaient jour pour acquitter soit la dette de l'une
d'elles, soit celle d'un tiers, convenant expressément que chacune
d'elles devrait payer la dette entière. (L. 16, *de pecunia constituta*, D.
liv. 13, t. 5, *proemium*.)

Mais que décider pour les contrats de bonne foi? Pour ceux-ci, la
difficulté devient plus sérieuse; certains textes semblent admettre la
corréalité; ainsi la loi 9, *de duobus reis*, D. 45, t. 2, porte : *Fiunt duo
rei promittendi, quia non tantum verbis stipulationis, sed et caeteris
contractibus, veluti emptione, venditione, locatione, conductione, depo-
sito, commodato, testamento.* La loi 13, § 9, *locati*, décide encore: *Duo
rei locationis in solidum esse possunt* (D. 19, t. 2, l. 13, § 9).

Nous voyons cependant que la doctrine n'était pas certaine sur l'établissement de la corréalité rigoureuse dans les contrats de bonne foi ; car dans la loi 47, même titre, Marcellus enseigne que le bénéfice de division devrait être admis au cas de vente ou de louage ; il est vrai, ajoute-t-il, que le créancier, en droit strict, pourrait actionner qui bon lui semblerait. La loi 1, § 43, *depositi*, liv. 16, t. 3, est plus précise ; elle n'admet entre les dépositaires qu'une solidarité imparfaite : ainsi les jurisconsultes romains n'étaient pas d'accord.

Nous croyons que l'on recherchait avant tout l'intention des parties, et que si les contractants avaient voulu n'avoir qu'une seule action, il y avait obligation corréale proprement dite. Nous pouvons encore consulter la loi 31, § 10, *de œdilitio edicto*, et la loi *depositi* 1, § 44, D. liv. 21, t. 1 ; l. 31, § 10, D. 16, III, l. 1, § 44 ; l'on y trouve confirmé ce que nous avons annoncé avec Vinnius, § 2, *de duobus reis, Inst. Justin.*, que les contrats de bonne foi pouvaient engendrer des obligations corréales.

Mais une question des plus délicates consiste à savoir si la corréalité peut résulter du *mutuum* : ici l'obligation, se formant *re*, est de droit strict, et ne s'étend pas au delà de la somme transférée du prêteur à l'emprunteur (l. 17, *principi de pactis* ; Inst. liv. 2, t. 14). Lors donc que deux personnes empruntent ensemble 100 fr., la dette se partage nécessairement entre elles par moitié, et l'on ne peut concevoir comment chacune devrait rendre le tout ; cependant des textes au Code semblent établir que le *mutuum* pouvait faire naître l'obligation corréale ; ce sont les lois 9 et 12 du titre *si certam petatur* (C. l. 4, t. 2).

Dioclétien, dans la loi 5, répond à des plaideurs qui le consultent, qu'ils n'ont rien à craindre, si par emprunt, *accepta mutua pecunia*, ou par stipulation spontanée, ils ne se sont pas constitués chacun débiteurs pour le tout ; mais des interprètes pensent qu'il faut sous-entendre ces mots: *accepta mutua quantitate, per stipulationem*, c'est-à-dire que l'empereur ne parle que du *mutuum* accompagné d'une stipulation, et de la stipulation sans *mutuum*, mais non du *mutuum* simple.

D'après la loi 9, le requérant qui a prêté une somme avec un autre nommé Syntrophe s'informe s'il peut demander le tout. Oui, répond l'empereur, si vous vous êtes constitués *duo rei credendi* par stipulation, ou si tu as acquis l'action *in solidum* par la numération *re*, ou encore si, créancier pour moitié, tu es mandataire de ton co-créancier. L'on ne peut plus supposer ici que la dation ait été revêtue d'une stipulation; mais on fait remarquer que, bien que l'opération intéressât les deux prêteurs, un seul eût compté les espèces sans dire qu'il les comptait en même temps pour l'autre, de telle sorte que le premier seul aurait la chose. En effet, le texte ne contient pas *tibi et Syntropho,* mais *tibi* seulement.

Enfin, dans la loi 12, l'empereur dit: Si tu as emprunté de l'argent avec ton associé pour une affaire commune, mais que vous ne soyez pas solidairement obligés *re* ou *solemnitate*, et qu'en suite tu aies payé le tout, nul doute que tu ne puisses intenter contre ton associé l'action *pro socio, mandati* ou *negotiorum gestorum*. Ici encore l'empereur ne s'adresse qu'à l'un des intéressés qui seul aurait emprunté, reçu, et qui seul par conséquent serait obligé, sauf son recours contre l'autre.

Malgré ces textes, nous ne pensons pas que le *mutuum* pût engendrer l'obligation corréale sans stipulation; c'est, du reste, plus conforme à l'esprit du droit romain et à la loi 9 *de duobus reis*, l. 45, D. t. 2, qui ne parle pas du *mutuum* dans les contrats donnant lieu à l'obligation solidaire.

Sous Dioclétien et Maximien, les principes ont cependant pu subir cette altération.

Avant de passer aux effets de l'obligation solidaire, nous devons toutefois dire encore un mot de ce qui a pu sembler à certains auteurs une dernière cause de corréalité, c'est-à-dire des jugements.

Généralement l'obligation naissant de la sentence du juge était divisible; Paul le dit dans la loi 43, D. liv. 42, tit. 1, et les lois 10, § 3, *de appellationibus*, liv. 49, tit. 1. Il faut donc supposer une disposition spéciale dans le jugement, et c'est alors que l'on rencontre la loi 1 au Code, liv. 7, tit. 55; mais là encore il n'y a qu'une corréalité imparfaite, et des auteurs ne veulent même pas en voir la cause dans la *res judicata*. D'après eux, le jugement ne crée pas un droit, il proclame l'existence ou la non-existence d'un droit antérieur, de sorte qu'il faut supposer que le jugement a proclamé à tort l'existence d'une obligation solidaire, et que, de plus, il est inattaquable, pour y reconnaître une source d'obligation solidaire. (Gell, cité par Molitor, *Cours de droit romain*, t. 3, n° 1165; loi 52, § 3, D. liv. 46, t. 1; lois 14 et 15, D. liv. 4, tit. 2; loi 4, D. liv. 9, tit. 3.)

Quel que soit le mérite de cette observation, qui nous paraît inexacte, en droit romain, où l'obligation de payer résultait de la sentence, par suite des novations successives opérées par la *litis contestatio* et la *res judicata*, il est certain que l'obligation née de la sentence ne pouvait être qu'une obligation corréale imparfaite, où l'on n'était libéré que par le payement total fait au créancier.

Les stipulations prétoriennes produisaient aussi la corréalité: ainsi le cas où la maison de deux copropriétaires menace ruine, et où le préteur leur enjoint de se constituer *correi promittendi* envers le propriétaire voisin, pour le garantir des dommages qui pourraient résulter pour lui de la chute de l'édifice (L. 14 *de duobus reis*, D. liv. 45, t. 2).

DES EFFETS DE LA CORRÉALITÉ.

Connaissant comment s'établit la corréalité, voyons quels en sont les effets entre costipulants et copromettants; car, pour ce qui concerne les rapports des costipulants avec le débiteur et ceux des costipulants avec le créancier, nous les ferons connaître en traitant l'extinction des obligations solidaires.

Effets de la corréalité entre costipulants.

Lorsque l'un des costipulants avait reçu le montant de la créance, il n'était pas tenu de rendre compte à son collègue de ce qu'il avait reçu (l. 62 PP., D. *ad legem Falcidiam*); le plus diligent profitait de la créance devenue prix de la course. En face d'un tel état de choses, comment pouvait-on, à Rome, rencontrer des gens qui acceptassent une telle situation? Eh bien, pour le comprendre, il faut se rappeler que dans le droit primitif de Rome l'on ne pouvait se faire représenter en justice; pour obvier à cet inconvénient, le créancier qui se doutait du mauvais vouloir de son débiteur à accomplir l'obligation, et qui en

outre craignait d'être absent au moment où l'obligation devait être
exécutée, ce créancier, dis-je, s'unissait une autre personne qui,
créancière comme le premier par suite de son concours au contrat,
pouvait, dans le cas où le vrai créancier était absent, poursuivre le débiteur récalcitrant. Les principes rigoureux s'emparaient de cette situation, et permettaient au créancier entre les mains duquel le débiteur
s'était acquitté de son obligation, de ne pas rendre compte, parce
qu'en somme il n'avait touché que ce qui lui était dû; le tout était
dû à lui seul. Malgré cet inconvénient, il n'y avait pas de jour que
l'on ne vît à Rome les créanciers se rendre corrées pour obvier à
cet autre inconvénient plus grave, celui de ne pouvoir se faire représenter en justice.

Du reste, les Romains éludèrent le principe en s'unissant par les
liens du mandat ou de la société, si bien que celui entre les mains
duquel le débiteur avait tout soldé était forcé, par suite de l'action de
man... ou de société, de rendre tout ce qu'il lui était injuste de con-
serv... ...evers lui. (L. 62, *ad legem Falcidiam*, liv. 35, tit. 2.)

Telle fut l'origine de l'*adstipulator*, qui n'est qu'un *correus stipulandi*.

Non-seulement donc un seul créancier peut agir pour le tout,
mais encore la *litis contestatio* et le jugement ont pour effet d'é-
teindre l'action des autres; celui qui agit le premier est regardé
comme unique créancier. Un seul créancier peut donc, tant qu'il n'a
pas été prévenu, libérer complétement le débiteur, soit en lui faisant
remise, soit en faisant novation.

Effets de la corréalité entre copromettants.

Lorsqu'il y a plusieurs débiteurs dans une obligation corréale, l'obligation est suspendue sur tous jusqu'à ce que le choix du créancier
l'ait fixée par la *litis contestatio* sur un seul, qui sera dès lors considéré comme s'il eût été toujours l'unique promettant.

Un seul débiteur peut donc être assigné, un seul prêter le serment
décisoire, un seul être condamné sans avoir de recours contre ses
codébiteurs, qui par la *litis contestatio* sont dégagés de tout lien.

Justinien, sur ce point, modifia l'ancien droit, en décidant que le créancier qui a intenté l'action la conservera contre tous les débiteurs jusqu'au payement intégral (l. 28, Cod., liv. 8, t. 41); il ôte à la *litis contestatio* les effets libératoires qu'elle produisait à l'égard des *correi debendi* non assignés. Mais comme c'est la seule innovation qu'il introduit, il n'empêche pas que le débiteur assigné qui prête serment litisdécisoire, qui obtient l'absolution ou sa libération par novation, acceptilation ou compensation, ne soit regardé comme unique débiteur, et ne libère entièrement les autres, contre lesquels il ne conserve pas de recours. (L. 28, D. liv. 12, t. 2.)

Le *correus debendi* qui avait payé n'avait pas de recours contre ses codébiteurs. Voilà, certes, là encore une conséquence des principes rigoureux du droit. Celui qui payait ne pouvait se plaindre de ce résultat, car il n'avait payé que sa propre dette; pour remédier à ce résultat, les codébiteurs comme les créanciers établissaient généralement une société ou un mandat pour se lier les uns à l'égard des autres. Celui qui avait payé se faisait aussi ordinairement céder les actions du créancier désintéressé, et si le créancier s'y refusait, le débiteur lui opposait l'exception de dol. (L. 65, D. *de evictionibus*, et loi 13, *de locato et conducto*.)

Quelques auteurs prétendent même que sans qu'il existât de mandat ou de société entre les débiteurs, sans qu'il y ait eu cession d'action de la part du créancier, le débiteur payant pouvait recourir par une action *negotiorum gestorum* contre ses codébiteurs.

Vinnius sur le § 1er *Instit., de duobus reis*, k. 3, titre 16, soutient cette opinion; il invoque la loi 2, au t. *de duobus reis*. Mais il faut remarquer que cette loi peut s'entendre de codébiteurs associés, puisqu'il s'agit d'un emprunt fait en commun. Vinnius mentionne cette objection à son système : *Sane*, dit-il, l. 2, *commode accipi potest de correis sociis eo quod pecunia dicitur communiter mutuo accepta*. On ne peut s'appuyer non plus sur les lois 30, D. *de negotiis gestis*, et la loi 4, *de his qui effuderint*. Ces lois ont trait à la solidarité.

Ce recours ne pourrait s'expliquer ici comme dans le cas de la solidarité; en effet, dans ce dernier, il y a plusieurs débiteurs et plusieurs dettes : si l'un des débiteurs paye le tout, il paye sa dette et celle des autres; il peut donc exercer un recours. Au cas de corréalité, au contraire, le débiteur payant le tout ne paye que ce qu'il doit personnellement ; comment attaquerait-il donc ses codébiteurs ? Leur dira-t-il : J'ai géré utilement votre affaire en payant pour vous, donc j'ai un recours par l'action *negotiorum gestorum* ? Non ; les autres répondraient justement : Vous n'avez rien fait pour nous, vous avez acquitté votre dette personnelle. Battu de ce côté, pourrait-il intenter contre eux l'action fondée sur ce que nul ne peut s'enrichir aux dépens d'autrui ? J'ai tout payé ; si je n'ai pas de recours, vous vous enrichissez à mes dépens, leur dira-t-il. Les autres lui répondraient alors, et avec raison : Vous n'avez acquitté qu'une dette devenue vôtre par le choix du créancier ; vous ne pouvez donc nous accuser de nous enrichir par suite du payement d'une dette qui, loin d'être nôtre, vous était devenue uniquement personnelle ; sans doute le choix du créancier, en tombant sur vous, nous a placés dans une position meilleure ; mais, si nous nous sommes enrichis, ce n'est pas par votre fait, mais par le fait seul du choix du créancier.

Les principes généraux de la corréalité prouvent donc que les *correi debendi* ne pouvaient recourir les uns contre les autres. L'examen des textes fortifie notre opinion. La loi 62 PP. *ad legem Falcidiam* est on ne peut plus claire ; elle traite de la computation de la falcidie de deux copromettants : l'un meurt laissant des legs nombreux ; l'héritier réclame sa quarte, invoquant la loi Falcidie ; pour la calculer, il fallait former le passif de la succession. Eh bien, cette loi 62 nous dit que s'il n'y a pas eu société entre les copromettants, on n'aura pas égard à la créance corréale ; tout demeurera en suspens, parce que l'on ne sait pas si la succession sera attaquée par le créancier, si c'est elle qui supportera la dette, ce qu'on ne peut savoir avant que les poursuites n'aient été exercées. Cette loi suppose donc qu'aucun recours n'est possible entre *correi debendi*. Dans le cas de fidéjussion, les fidéjusseurs qui, en payant, négligeraient de se faire céder les actions du créancier ne pouvaient recourir contre les autres (l. 36, *de fidejussoribus*, D.) ; comment donc croire qu'aucun recours puisse avoir lieu quand il s'agit de corréalité, création purement juridique où l'équité n'a pas de prise, où au contraire le plus strict droit exerce toute son influence.

Mais le recours du débiteur *solvens* variait-il suivant les liens qui l'unissaient à ses collègues ? Certains interprètes l'ont prétendu : si le *solvens* agissait par l'action *pro socio*, au cas où les débiteurs étaient associés, il recourait contre ses collègues, mais seulement pour leur part dans la société. Les actionnait-il en vertu d'une cession d'actions, il recourait contre eux pour le tout, déduction faite de sa part. En effet, la cession d'action a constitué le *solvens procurator in rem suam* du créancier ; il pourra agir solidairement contre chacun de ses coobligés comme l'eût fait le créancier.

Mais d'autres interprètes pensent que dans le cas de cession d'actions, comme dans le cas de mandat ou de société, le *solvens* ne peut recourir contre ses codébiteurs que pour la part qui leur a profité dans le payement intégral qu'il a fait au créancier. Aucun texte ne tranche formellement la question ; cependant la loi 5, D. *de censibus*, pourrait fournir un argument analogue tendant à faire adopter la seconde opinion. Elle suppose plusieurs personnes possédant un immeuble soumis à l'impôt ; l'une d'elles est actionnée *in solidum*, paye le tout, et se fait céder les actions du fisc *ut omnes pro modo prædiorum pecuniam conferant*, afin qu'elle puisse revenir contre chacun des possesseurs jusqu'à concurrence de sa part dans l'impôt. Mais la cession d'actions doit être demandée avant le payement ; autrement les actions seraient éteintes par le payement (loi 76, D. *de solutionibus*). Cette loi prouve encore que la cession d'actions n'a pas lieu si elle n'est pas demandée ; en un mot, qu'il n'y a pas de subrogation de plein droit au profit du codébiteur *solvens*, comme cela se pratique en droit français.

EFFETS DE LA SOLIDARITÉ.

Si la solidarité naît de causes différentes de celles de la corréalité, l'obligation solidaire a du moins cela de commun avec l'obligation corréale que le payement fait par l'un des débiteurs, ou à l'un des créanciers, l'éteint à l'égard de tous. Malgré cette unité commune de payement, il y a dans l'obligation solidaire autant d'obligations que de créanciers ou de débiteurs, tandis qu'il n'y en a jamais qu'une dans l'obligation corréale ; partant de là, puisque le payement fait par un seul libère tous les autres, le débiteur qui a payé aura un recours contre les autres. En effet, il a éteint non-seulement une obligation à lui personnelle, mais l'obligation aussi de tous les autres; il a donc fait leur affaire; et encore ce recours n'existe pas dans tous les cas : en effet, si cette solidarité résultait d'un délit ou d'un dol, le recours était impossible pour celui qui avait tout payé. La loi 1, § 14, *de tutelæ et rationibus*, le prouve: *Proprii delicti pœnam subit quæ res indignum eum fecit ut a cæteris quid consequatur doli participibus. Nec enim ulla societas maleficiorum vel communicatio justa damni ex maleficio est.*

Ainsi donc, au cas de solidarité, comme dans le cas d'obligation corréale, s'il y a plusieurs débiteurs, le payement fait par l'un libère les autres; s'il y a plusieurs créanciers, le payement fait par le débiteur à l'un d'eux l'affranchit vis-à-vis de tous les autres.

MODES D'EXTINCTION DE L'OBLIGATION SOLIDAIRE.

Pour achever cette théorie de la solidarité en droit romain, il est naturel de faire connaître les causes qui éteignent l'obligation solidaire : telles sont le payement, l'acceptilation, le pacte de *non petendo*, la compensation, la novation, la *litis contestatio*, la perte de la chose due, la prescription.

§ Ier. — *Du payement.*

Le payement que le débiteur fait à l'un des créanciers le libère vis-à-vis de tous, ainsi le décide le § Ier *de duobus reis*, Instit., liv. 3, t. 16. Le débiteur choisit celui des créanciers à qui il veut payer, pourvu qu'aucun créancier ne l'ait encore poursuivi; autrement, c'est entre les mains de l'auteur des poursuites qu'il doit verser le montant de la dette. *Ex duobus reis stipulandi, si semel unus egerit, alteri promissor offerendo pecuniam nihil agit* (D., l. 45, tit. 2, l. 16). Cet effet est commun à la solidarité et à l'obligation corréale; mais, malgré cette unité commune de payement, il ne faut pas oublier que dans l'obligation solidaire il y a autant d'obligations que de créanciers ou de débiteurs, tandis qu'en cas de corréalité, il n'y a qu'une

2

seule obligation, et lorsque la solidarité existe, c'est l'unité de payement qui paralyse les autres actions, et non la *litis contestatio*,
comme cela a lieu en matière de corréalité. Le dépôt fait en justice
de l'argent offert au créancier et refusé par lui produit à l'égard de
l'obligation solidaire les mêmes effets que le payement; de là il suit
que le créancier au nom duquel le dépôt a été fait peut retirer l'argent déposé comme s'il était lui-même l'auteur du dépôt; mais un
autre créancier ne pourrait retirer cet argent. La *datio in solutum*
produirait aussi à l'égard de l'obligation solidaire les même effets
que le payement.

§ II.— *De l'acceptilation.*

Comme le payement, l'acceptilation, qui n'est que la constatation
d'un payement réel ou supposé, éteint l'obligation *ipso jure*: émane-
t-elle de l'un des créanciers, elle éteint le droit de tous les autres;
est-elle faite par le créancier unique à l'un des *corrci debendi*, elle
libère les autres. (L. 16, ps. *de acceptilatione*, D.)

§ III.— *Du pacte de non petendo.*

L'acceptilation détruit l'obligation dans tous les cas; il en est autrement du pacte de *non petendo*. Il faut ici bien distinguer si le
pacte est *in rem* ou *in personam* : on le dit *in rem* quand son but est
d'affranchir non-seulement le débiteur à l'égard duquel il inter-
vient, mais quand il remet la dette tout entière; alors, si les codébiteurs sont coassociés, ce pacte profitera à tous; car s'il en était
différemment, si les autres codébiteurs étaient actionnés par le
créancier, ils pourraient, par suite de leur association, recourir
contre celui qui a été déchargé : or le but que le créancier voulait
atteindre, c'est-à-dire la libération du débiteur, serait manqué. Dans le
cas d'un pacte de *non petendo in personam*, il n'est nul besoin de distinguer s'il existe ou non une société entre les codébiteurs, car jamais ceux-ci ne pourront s'en prévaloir. La loi 25, § 1, D. *de pactis*,
est formelle : *Personale pactum ad alium non pertinere, Labeo ait.* Le
but de ce pacte est d'affranchir le débiteur au profit duquel il inter-
vient; le créancier s'engage seulement à ne pas le poursuivre, mais

à rien de plus; c'est si vrai, qu'Ulpien, dans la loi 26, D. *de pactis*, suppose un pacte personnel intervenant entre un fidéjusseur et un créancier, dans lequel le créancier s'engage en même temps à ne pas actionner le débiteur principal, parce que le pacte personnel ne l'obligeait qu'à ne pas poursuivre le fidéjusseur. Cette décision, pour le cas du pacte personnel fait avec le fidéjusseur, doit s'appliquer à ce pacte fait avec un codébiteur solidaire : ce pacte ne remet pas la dette; c'est seulement une remise de solidarité. Le créancier s'engage à ne rien demander au débiteur avec lequel il a pactisé; mais il ne s'engage pas à se conduire de façon que ce débiteur ne soit pas obligé de payer sa part. S'il attaque vos codébiteurs, qui sont vos associés, ils recourront contre vous; mais il n'y est pour rien; l'obligation contractée envers vous par le créancier est accomplie dès qu'il ne vous force pas à faire l'avance des fonds.

Parmi les auteurs, il en est pourtant qui prétendent que, même dans le cas où le pacte de *non petendo* est *in personam*, il peut être utile aux autres lorsqu'il existe entre les codébiteurs une société dont le créancier est instruit. Celui-ci ne peut plus dès lors demander la dette aux autres codébiteurs que déduction faite de la part du codébiteur libéré; autrement ce dernier, contre lequel ses associés ne manqueraient pas de recourir, ne profiterait nullement de la libération.

Si telle est l'intention du créancier, il est certain que c'est ce qu'il faut décider; mais si l'intention du créancier est douteuse, il faudra donner au pacte personnel l'effet précédemment indiqué, serait-il même constant que la société ne lui fût pas restée inconnue.

Au surplus, dans toutes ces questions de pacte, l'intention des parties doit l'emporter. C'est encore l'intention des parties qu'il faut considérer pour savoir si le pacte est *in rem* ou *in personam* : Ulpien, l. 7, § 8, D. *de pactis*, nous l'enseigne d'une manière formelle. Le pacte de *non petendo* n'éteint l'obligation solidaire que du côté des débiteurs (encore ce mode d'extinction n'opère pas de plein droit), car jamais le pacte de *non petendo* fait par l'un de plusieurs costipulants avec le débiteur ne nuit à ses cocréanciers; la loi 27 *de pactis* nous l'apprend.

Remarquons qu'ici la décision est générale, et qu'on ne distingue nullement, dans le cas où le pacte est *in rem*, si les costipulants sont ou non *socii*; cependant cette distinction paraîtrait d'abord assez logique, d'autant plus qu'il y a eu controverse sur ce point; autrement le jurisconsulte Paul, dans la loi 27, ne se serait pas tant préoccupé de motiver son opinion et de la corroborer en citant Neratius, Proculus et Atilicinus, qui décidaient comme lui. Cependant les textes du Digeste sont contraires à cette distinction, et on comprend qu'il en soit ainsi : en effet, il est certain que le pacte n'a rien éteint *ipso jure*; le créancier pourra donc encore actionner le débiteur; mais ce débiteur pourra-t-il lui opposer l'exception de dol, à lui qui n'a pas pactisé?

Quand, à l'inverse, le pacte est intervenu entre le créancier unique et l'un des débiteurs, l'autre débiteur peut opposer au créancier, grâce à l'exception de dol, le pacte consenti par lui-même ; bien qu'il ait traité avec un autre, cela n'en est pas moins un fait à lui personnel qu'on vient lui opposer.

§ IV. — *De la compensation.*

On se rappelle qu'en droit romain le fait que le débiteur devient lui-même créancier de son propre créancier n'équivaut pas à un payement, n'éteint pas conséquemment la créance. De là il résulte que, s'il y a plusieurs *correi stipulandi*, le débiteur actionné par l'un d'entre eux ne peut opposer à ce créancier la créance qu'il a lui-même contre l'un des autres créanciers solidaires; que, dans le cas de plusieurs *correi promittendi*, si le créancier attaque l'un d'eux, celui-ci ne peut opposer la compensation de ce que ce créancier doit lui-même à l'un des autres débiteurs solidaires. Pourtant la loi 10, D. *de duobus reis*. l. 45, t. 2, porte que si les *correi promittendi* sont associés, celui qui est actionné peut opposer la compensation du chef de l'un des autres.

L'on ne trouve pas la même exception quand il s'agit, pour le débiteur unique, d'opposer la compensation à un *correus stipulandi* de ce que lui doit, à lui débiteur, un des autres *correus stipulandi*; faute de textes, l'on pourrait peut-être invoquer la loi 10, déjà citée, *de duobus reis*, et cela par analogie. En effet, il serait peu juste que le créancier pût exiger du débiteur commun une dette dont l'acquittement expose son associé aux poursuites du débiteur qui a payé; mais, lorsque la compensation est opposée par celui qui en a le droit, alors, ayant produit l'effet d'un payement, chacun des *correi* pourra s'en prévaloir.

§ V. — *De la novation.*

Quant à la novation survenue entre le créancier et l'un des débiteurs, il est certain qu'elle libère les autres. Mais il n'en est pas ainsi de celle faite par l'un des créanciers solidaires avec le débiteur. Cette novation nuit-elle à ses collègues? la controverse est vive sur ce point. La loi 31, § 1, D. *de novationibus*, et la loi 27 PP., D. *de pactis*, ont donné lieu à de nombreuses difficultés. En effet, dans cette dernière, le jurisconsulte Paul examine principalement la question de savoir si le pacte de *non petendo*, intervenu entre l'un des *argentarii socii* et le débiteur, produit son effet à l'égard d'un autre *argentarius socius* qui serait resté étranger au pacte; il la ressout négativement, semblant dire que l'un des *argentarii socii* ne pouvait pas nuire aux autres même par une novation; puis il ajoute qu'il faut appliquer à tout *correus stipulandi* ce qu'il vient de dire de l'*argentarius socius*, quant au pacte de *non petendo*. De la loi 27 résulterait donc toujours cette anomalie, que l'*argentarius socius* ne pourrait, par une novation, nuire à son *socius*, tandis qu'il en serait autrement de tout autre *argentarius* ou *correus credendi*. On évite cette anomalie en entendant les mots *nam nec novare alium posse* de la manière suivante : « il y a des cas où une personne pourrait recevoir le payement et cependant ne pas nover; or, nover se rapproche encore plus du payement que le pacte de *non petendo*. » D'après cette dernière interprétation, le jurisconsulte Paul, par les mots *nec novare*, n'aurait donc pas entendu parler de l'*argentarius non socius*, ni d'un autre *correus credendi*, et il n'aurait pas voulu dire que l'*argentarius socius* lui-même ne pourra nover au préjudice de son *socius*. Paul, par les mots nce nocere alium, n'aurait donc exprimé que l'idée de Celse dans la loi 25, D., liv. 46, t. 2.

§ VI. — Litis contestatio.

L'obligation corréale étant une, si elle est déduite *in judicium* avec l'un des *correi debendi* ou par l'un des *correi credendi*, elle est absorbée, et comme il ne reste plus d'obligation, cette absorption produit son effet à l'égard de tous les *correi*, soit actifs, soit passifs; par conséquent aussi, lorsque l'un des *correi* est absous, il y a absolution pour tous les autres corrés, et chacun d'eux est libéré *ipso jure* ou *exceptionis ope*, suivant que l'action est un *legitimum judicium* ou un *judicium imperio continens*. Dans l'obligation solidaire au contraire, comme il y a autant d'obligations distinctes et séparées qu'il y a de créanciers ou de débiteurs, la *litis contestatio* n'a plus l'effet que nous venons de lui attribuer; toutes les actions ne sont plus paralysées par la *litis contestatio*, mais par le payement. Il y a cependant des fragments au Digeste (lois 2 et 16, D., liv. 45, t. 2; l. 116, D., liv. 45, tit. 1; l. 5, D., liv. 46, tit. 1; l. 31, § 1, D., liv. 46, tit. 2; lois 1 et 14, D., liv. 46, tit. 8; loi 28, C., liv. 8, t. 41), qui pourraient faire croire le contraire. D'abord la loi 2, D. *de duobus reis*, loi qui se trouve au siége de la matière : *Cum duo eamdem pecuniam promiserunt aut stipulati sunt, ipso jure et singuli in solidum debentur et singuli debent; ideoque petitione, acceptilatione unius tota solvitur obligatio.* Cette loi est formelle, mais elle ne s'oppose pas à notre solution; en effet elle a trait à la corréalité et non à l'obligation solidaire.

La loi 31, § 1, D. *de novationibus*, a une rédaction analogue : *Si duo rei stipulandi sunt, an alter jure novandi habeat quæritur, et quid juris unusquisque sibi adquisierit? Fere autem convenit et uni recte solvi et unum judicium petentem totam rem in litem deducere.*

La loi 110, D., est encore plus formelle. Voici l'hypothèse prévue : j'ai stipulé 10 de Titius, puis je stipule de Mœvius qu'il me remboursera tout ce que Titius ne pourra me payer. J'actionne Titius; Mœvius ne sera libéré, dit Papinien, qu'au cas où Titius a acquitté la condamnation entière.

Paul, notes sur Papinien, remarque qu'il en est ainsi parce que

Titius et Mœvius ne sont pas *correi : Non enim sunt duo rei Titius et Mœvius ejusdem obligationis, sed Mœvius sub conditione debet. Si a Titio exigi non poterit, igitur nec Titio convento Mœvius liberatur.* Ainsi, si Titius et Mœvius étaient *correi*, Mœvius serait libéré par le fait de la poursuite contre Titius. C'est vrai dans le cas de corréalité, auquel cette loi s'applique, mais non dans celui de l'obligation solidaire, dont il s'agit maintenant.

Dans les obligations solidaires donc, où il y a autant d'obligations distinctes que de personnes réunies dans le rapport juridique commun, toutes ces obligations étant alternatives l'une de l'autre, le payement de l'une éteindra les autres; mais il n'en est pas de même de la novation judiciaire appelée *litis contestatio.*

Plus tard, Justinien a voulu que la *litis contestatio* avec l'un des *correi debendi* n'absorbât pas le droit des créanciers vis-à-vis des autres créanciers, mais cet empereur n'a pas innové sur l'effet de la *litis contestatio* entre l'un des *rei credendi* et le débiteur (L. 28, C., liv. 8, tit. 41); si l'un des *correi debendi* a été absous, l'autre pourra opposer; l'exception *rei judicatæ*, sous ce rapport, est restée la différence entre les corrés et les débiteurs ou créanciers purement solidaires. (*Voyez* l. 52, § 3, D., liv. 46, tit. 1.)

A l'appui de notre décision nous invoquons la loi 8, § 1, D. *de legatis,* qui dit : *Si ita scriptum sit Lucius Titius hæres meus, aut Mœvius hæres meus, decem Seio dato cum utro velit. Seius aget ut et cum uno actum sit et solutum alter liberetur.* Titius ne sera donc libéré que si Mœvius attaqué a payé.

Nous pouvons encore citer la loi 1, § 43, D. *depositi vel contrà,* qui porte : *Si apud duos sit deposita res, adversus unumquemque corum agi poterit. Nec liberabitur alter si cum altero agatur, non enim electione sed solutione liberantur.*

Nous citerions encore à l'appui de ce que nous avançons la loi 5, § 15, D. *commodati;* la loi 18, § 1, D. *de administratione et periculo tutorum.*

En un mot, les fragments d'après lesquels la *litis contestatio* consume l'action, ou plutôt empêche le créancier d'agir plusieurs fois, ont trait à la corréalité et non à la solidarité proprement dite.

§ VII. — *Perte de la chose due, et demeure.*

Si la chose périt fortuitement, l'obligation est éteinte vis à-vis de tous. Si elle périt par la faute de l'un des débiteurs, tous répondent de ce fait : *Ex duobus reis ejusdem stichi promittendi factis, alterum factum alteri quoque nocet.* (L. 18, liv. 45, tit. 2, D.) Quant à la demeure, je ne crois pas qu'elle puisse nuire aux autres débiteurs. En effet, la loi 32, § 4, *de usuris,* D., liv. 22, tit. 1, dit : *Si duo rei promittendi sint, alterius mora alteri non nocet;* mais la loi 173, § 2, *de regulisjuris,* D., liv. 50, tit. 17, dit : *Unicuique sua mora nocet, quod et duobus reis promittendi observatur.* L'on a voulu voir une antinomie entre ces diverses dispositions ; aujourd'hui on suit généralement l'avis de Cujas, qui propose de distinguer le fait actif, comme la destruction de la chose promise, du fait négatif, consistant à se laisser mettre en demeure ; les divers débiteurs répondent du premier, surtout quand il y a une clause pénale ; ils sont censés s'être portés garants de la bonne foi et de la vigilance les uns des autres. La *mora,* au contraire, est un acte tout personnel ; on ne pense pas que les contractants aient voulu répondre de l'exactitude des coobligés ; c'est d'autant plus probable, qu'on peut très-bien prendre certaines mesures de précaution empêchant le fait d'autrui, mais on ne voit pas comment l'on pourrait éviter qu'un débiteur se laissât mettre en demeure. M. de Savigny adopte cette opinion. *Vinnius, Quæstiones,* pars 1, n. 6.

§ VIII. — *De la prescription.*

La loi 5, au Code *de duobus reis,* nous oblige à décider que l'interpellation faite au débiteur unique par l'un des créanciers solidaires, ou la reconnaissance de la dette faite par ce débiteur à l'un des créanciers, interrompt la prescription vis-à-vis de tous les autres. De même, la reconnaissance de la dette émanée de l'un des codébiteurs solidaires, ou la poursuite dirigée contre l'un d'eux, interrompt la prescription à l'égard de tous les autres.

Cependant il n'y avait pas de lien entre les divers débiteurs ; cette décision semble donc peu en harmonie avec les principes du droit romain. Elle se justifie par cette considération que le créancier avait usé de son droit tout entier en interpellant pour le total de la dette ; quelques auteurs n'ont voulu y rencontrer que *odium prescriptionis.*

Voilà les divers modes d'extinction de la solidarité ; il en est certains autres qui n'éteignent pas l'obligation même, mais qui la font cesser par rapport à certains *correi :* tels sont la *capitis deminutio,* la *restitutio in integrum.* Lorsque l'un des débiteurs est *capite minutus,* il n'est plus obligé, mais les autres le restent. La loi 19, *de duobus reis,* fait admirablement sentir la différence qui existe entre les divers modes d'extinction de l'obligation.

Il faut en dire autant de la confusion, dont le résultat n'est pas d'éteindre l'obligation ; elle délivre seulement le débiteur du *vinculum juris,* par suite de la réunion sur sa tête des qualités de débiteur et de créancier : *Eximit personam ab obligatione potiusquam tollit obligationem,* dit le texte. De là résulte que si le créancier hérite de l'un des débiteurs, il conserve son action contre les autres pour le tout. (L. 71, D. *de fidejussoribus.*) Mais si les copromettants étaient associés, naturellement alors l'obligation ne se conserverait plus pour le tout ; elle ne pourrait plus être intentée que déduction faite de la part du débiteur dont le créancier se trouve être l'héritier ; de même, le débiteur devenant héritier de l'un des créanciers, demeurera obligé pour le tout vis-à-vis de ses cocréanciers, ou seulement pour leur part dans la créance, au cas de société.

Un débiteur peut être restitué contre l'un des *correi stipulandi :* quel effet produira cette restitution vis-à-vis des autres? M. Blondeau pense que l'on doit examiner la cause sur laquelle la restitution est fondée. S'il s'agissait, dit-il, d'une considération essentiellement personnelle à l'un des créanciers, il est clair qu'elle ne peut nuire aux autres (Blondeau, Conc. de 1819, p. 36). Selon cet auteur, il se rencontre donc des cas où la *restitutio in integrum* prononcée contre l'un des créanciers entraînerait la déchéance de tous ; pour nous, il nous semble que l'effet de la restitution est toujours individuel, et doit être limité au créancier mis en cause.

Contrairement, la *restitutio in integrum* obtenue par l'un des créanciers (sans doute pour le relever d'une prescription, depuis la loi de Théodose) ne peut être invoquée par les autres. La loi 8, § 11,

ad senatuscons. velleianum (D. 16, 1, l. 8, § 11), fournit une application de ce principe. Ulpien suppose que l'un des *correi stipulandi*
a agréé une femme pour *expromissor*. Le contrat est nul, et le créancier peut se faire réintégrer dans sa première créance; mais le texte
ajoute que l'action ne sera pas rendue au cocréancier : quelle en
est la raison? c'est que le créancier qui a fait l'expromission a clai-
rement manifesté l'intention de s'attribuer la créance, et cette ma-
nifestation de volonté, survivant à la rescision de l'acte, est suffisante
pour écarter l'autre cocréancier.

L'on range encore très-souvent le serment parmi les modes extinc-
tifs de l'obligation solidaire; c'est à tort suivant nous. En effet, le
serment n'éteint pas une obligation, il fait seulement présumer que
l'obligation n'existe pas.

Toutefois, comme au moyen du serment un débiteur véritable
arrive très-souvent au même résultat que par l'effet d'un payement,
il ne faut pas voir avec surprise Cujas, dans la loi 27, D. *de jurejurando*, dire : *Jusjurandum etiam loco solutionis cedit.*

Quels effets produit donc le serment émané du débiteur solidaire ou
unique? D'abord, si le créancier défère le serment à l'un des débiteurs,
et que celui-ci jure *dari non oportere*, ce serment pourra être invoqué par tous les débiteurs solidaires. (L. 28, § 3, D. *de jurejurando*.)

L'un des *correi credendi* défère-t-il au contraire le serment au débiteur commun qui le prête, ce serment nuit à tous les autres créanciers. (L. 28, *princip. jurejurando*, Dig.) Cet effet du serment vient de
ce qu'on l'assimile à un payement : *quia in locum solutionis succedit.*
(L. 28, § 1, *de jurejurando*.) Toutefois, pour que cet effet soit produit,
il faut que le serment porte sur l'existence du droit considéré objec-
tivement, c'est-à-dire sur la question de savoir si la personne est
véritablement obligée; au dernier cas, le serment ne profiterait qu'à
celui qui l'a prêté. (L. 28, § 1er, *de jurejurando*, Dig. : *si modo ideo inter-
positum est jusjurandum ut de ipso contractu et de re non de persona
jurantis ageretur.*)

Il faut dire du jugement ce qu'on vient de dire du serment; on
compare également les effets du jugement à ceux d'un payement et
à ceux du serment. (L. 42, § 3, D. *de jurejurando*.)

Lors donc qu'il survient un jugement entre le créancier commun et l'un des débiteurs solidaires, les autres pourront s'en prévaloir ; si au contraire c'est entre l'un des créanciers solidaires et le débiteur unique, ce jugement opposé par celui qui l'a obtenu préjudiciera à tous les autres créanciers

Naturellement ces effets du jugement n'ont d'importance que dans le cas de solidarité. Dans le cas de corréalité, en effet, du moins avant Justinien, la *litis contestatio* produisant la libération du débiteur attaqué vis-à-vis des autres créanciers, ou libérant les autres débiteurs envers le créancier poursuivant, il n'est nul besoin de se prévaloir du jugement, puisqu'il suffit d'invoquer les effets de cette libération.

DES MODIFICATIONS QUE POUVAIT APPORTER A LA SOLIDARITÉ LA STIPULATION DE MUTUELLE FIDÉJUSSION ENTRE LES CO-PROMETTANTS.

Nous avons vu que les principes rigoureux de la corréalité avaient été adoucis par l'habitude qu'avaient les copromettants de se lier par suite d'un mandat réciproque, ou bien par suite d'une société mutuelle. La solidarité pouvait encore s'adoucir dans le cas de la mutuelle fidéjussion. C'est dans la novelle 99 que nous trouvons les règles de cette hypothèse spéciale. Le *principium* de la loi 11, D. *de duobus reis*, en parle du reste d'une manière formelle : *Reos promittendi vice mutua fidejussores non inutiliter accipi convenit; reus itaque stipulandi actionem suam dividere si velit (neque enim dividere cogendus est), poterit eumdem ut principalem reum, item qui fidejussor pro altero extitit in partes convenire, non secus ac si duos promittendi reos divisis actionibus conveniret.* « Il n'est pas inutile, dit Papinien, que le créancier ait pour débiteurs solidaires des copromettants qui se soient engagés par les liens d'une mutuelle fidéjussion, car il pourra diviser son action (bien entendu, il n'y est pas obligé) de façon à attaquer le même débiteur comme débiteur principal et comme fidéjusseur de la même manière que si, par des actions séparées, il poursuivait deux copromettants principaux. »

Il faut avant tout éclaircir ce texte assez obscur : les mots *neque enim divid re cogendus est* y jettent surtout de l'obscurité; on se demande pourquoi Papinien ajoute ces mots. N'était-il pas plus évident que le créancier pût poursuivre pour le tout chacun de ses débiteurs solidaires sans être obligé de diviser son action? Ces mots ne s'expliquent que par la raison que Papinien répugnait à admettre que le créancier qui avait un débiteur principal et un fidéjusseur pût tout d'abord poursuivre le fidéjusseur, sans s'inquiéter si le débiteur était solvable ou non, présent ou non. Cicéron, du reste, disait aussi qu'il y avait de l'impudeur à agir ainsi; mais, quand il s'agissait de fidéjusseurs en même temps *correi*, Papinien n'avait plus les mêmes hésitations, et il permettait bien alors d'attaquer pour le tout chacun des *correi* fidéjusseurs. Voilà pourquoi Papinien jette incidemment ce membre de phrase *neque enim dividere cogendus est*. Dans la novelle 4, Justinien, se rangeant de l'avis de Papinien et invoquant son témoignage, décide formellement que le créancier ne pourra actionner le fidéjusseur que discussion préalablement faite des biens du débiteur principal; mais cette novelle n'a pas trait aux *correi* fidéjusseurs, puisqu'elle ne fait que reproduire l'opinion de Papinien, qui ne restreignait en rien le droit du créancier, bien que ses débiteurs solidaires fussent liés par une mutuelle fidéjussion.

Occupons-nous maintenant des effets de la mutuelle fidéjussion : ils se produisent à l'égard du créancier comme à l'égard du débiteur; l'on néglige ce double point de vue, on ne parle que de ses effets entre débiteurs. Denys Godefroy, Cujas et les autres paraissent ne pas songer que cette fidéjussion puisse avoir d'effet à l'égard du créancier, et cependant ils traitent de la fidéjussion entre codébiteurs à propos de la loi 11 *de duobus reis*, qui justement ne parle de la mutuelle fidéjussion que relativement à ses effets vis-à-vis du créancier, sans dire un mot de ceux qu'elle peut produire entre débiteurs.

Reos promittendi vice mutua fidejussores non inutiliter accipi convenit. Remarquons ces mots : *non inutiliter accipi*; on sait que le créancier pouvait attaquer chacun de ses débiteurs solidaires pour le tout; mais il pouvait encore les actionner pour partie, en vertu du principe qui peut le plus peut le moins. Le créancier avait-il actionné l'un des débiteurs pour sa part dans la dette commune; il pouvait revenir pour le surplus contre les autres : mais, dans le cas d'insolvabilité de quelques-uns d'entre eux, il ne pouvait revenir contre celui qui l'avait payé en partie. Tous les interprètes admettent ces principes. (*V.* Voet, titre *de duobus reis*, n° 4; Pothier , *Obligations*, n° 277.) Le créancier consentant à recevoir la part de l'un de ses débiteurs était présumé lui remettre le reste et convenir avec lui qu'il ne l'actionnait plus; c'est ce que prétend encore Denys Godefroy dans une note sur la loi 18 *de pactis*, Code: *Si uni ex correis debendi sit pro sua persona liberatio, tacite videtur creditor cum eo pactus ne pro suorum correorum personis conveniatur.*

Dans la pratique des affaires, l'on voyait souvent à Rome, comme cela a lieu encore aujourd'hui, un débiteur à la veille d'être poursuivi pour le tout, dire au créancier de vouloir bien ne lui demander que la part de la dette dont il était tenu définitivement (nous supposons qu'il y a alors société). Souvent les créanciers refusaient, craignant de ne pouvoir recouvrer toute leur créance contre leurs autres débiteurs, et de perdre ainsi. C'est alors que la mutuelle fidéjussion était utile; grâce à elle, le créancier pouvait être bienveillant sans courir aucun risque. Le système était simple: le créancier attaquait d'abord tel débiteur comme débiteur principal, ne l'actionnant que pour sa part; puis il attaquait les autres; s'il n'était pas payé, il revenait alors contre le premier, qu'il actionnait comme fidéjusseur; ou du moins, comme avant Justinien ce créancier n'aurait pu revenir contre ce fidéjusseur après avoir poursuivi les débiteurs principaux, il se contentait de voir s'ils étaient solvables; dans le cas d'insolvabilité des autres, il revenait contre le premier mis en cause. Le moyen d'être bienveillant pour autrui sans se nuire à soi-même était commode; il était indiqué par la loi 11.

Poterit eumdem ut principalem reum, itemque fidejussor pro altero extitit in partes convenire; c'est-à-dire il pourra attaquer partiellement le même débiteur comme débiteur principal et comme fidéjusseur.

Examinons maintenant les effets de la mutuelle fidéjussion à l'égard des débiteurs des fidéjusseurs eux-mêmes. La stipulation de mutuelle fidéjussion émanée des codébiteurs les place dans une situation toute favorable; elle remplit le rôle d'une société ou d'un

mandat exprès. Aussi Cujas (*Comment. in lib. 11, responso Papin.,
l. 11, de duob. reis constituendis*) dit-il : *Si quidem conreus tanquam
fidejussor vel solidum vel partem pro conreo solverit, in conreum habet
actionem mandati, quod simper solet præcedere fidejussionem; nec enim
quisquam fidejubet sine mandato ejus pro quo fidejubet.* Ainsi, quand
un codébiteur attaqué aura tout payé, il pourra, grâce à la mutuelle
fidéjussion, revenir contre son débiteur comme s'il était associé
avec lui.

Cujas ajoute: *Unus ex conreis conventus tanquam fidejussor non
tantum compensare potest quod sibi stipulator debet, sed etiam quod
idem stipulator debet conreo, quia convenitur ut fidejussor nomine conrei;
fidejussor compensat utrumque quod sibi vel quod conreo debitur.* (L. 4
et 5, *de compensationibus.*)

Cujas nous montre ici un second effet de la mutuelle fidéjussion.
Quand l'un des deux débiteurs solidaires sera attaqué, dit-il, il pourra
opposer au créancier la compensation de ce que le créancier lui doit
à lui débiteur actionné, mais aussi de ce qu'il doit à son codébiteur,
parce que le fidéjusseur peut opposer la compensation que pourrait
opposer le débiteur principal. Accurse fait la même remarque sur la
loi 10, D. *de duobus reis.* Ce second effet est encore produit dans le cas
de société; aussi Cujas dit-il que les codébiteurs associés n'ont pas
besoin de se lier par une mutelle fidéjussion : *Ex eo intelligimus socios
frustra vice mutua fidejubere, quia jus societatis in iis tantum præstat
quantum in aliis qui non sunt socii mutua fidejussio.*

Cujas commet une erreur; selon nous, des codébiteurs solidaires
associés ont encore néanmoins intérêt à se porter fidéjusseurs l'un
pour l'autre, vu que la mutuelle fidéjussion a des effets non-seulement entre codébiteurs solidaires, mais encore entre le créancier et
les débiteurs. Cujas, qui n'avait envisagé l'avantage de la fidéjussion
qu'à l'égard des débiteurs entre eux, fut naturellement amené à dire
la fidéjussion inutile lorsqu'il y avait société entre les débiteurs.
Toutefois je crois qu'il y a encore un autre intérêt à stipuler la mutuelle fidéjussion même au cas où il y a une société; en effet, le *socius* attaqué ne peut, c'est Cujas qui nous l'enseigne, opposer la compensation de ce que le poursuivant doit à son *correus* qu'autant que
c'est *ex causa societatis* (sauf le cas de *societas omnium bonorum*): mais,

dans le cas de mutuelle fidéjussion, le *correus* attaqué pourra opposer la compensation dans tous les cas, comme tout autre fidéjusseur.

La fidéjussion ne peut exister si elle n'a été formellement stipulée : *conrei non possunt videri invicem fidejussisse nisi interposita nominatim stipulatione, et restipulatione fidejubes fidejubeo, nec enim alio modo fidejussio contrahitur.*

Ce passage dans Cujas doit nous paraître étonnant ; nous savons en effet que ce jurisconsulte, voulant appliquer aux *conrei* la novelle 99 faite περὶ ἀλληλέγγυων, à propos de ceux qui s'engagent réciproquement les uns pour les autres, prétend que les *conrei* sont, par rapport l'un à l'autre, des fidéjusseurs mutuels par la force des choses, sans aucune convention. Ne trouvons-nous pas là une contradiction bien caractérisée sautant aux yeux de tous, même à ceux de Cujas ? Il s'efforce en effet de se tirer d'affaire en disant que les *correi* ne sont pas de plein droit ἀλληλέγγυοι, ou fidéjusseurs mutuels, mais qu'ils sont comme des fidéjusseurs mutuels, parce que, comme ces derniers, *non in suam tenentur tantum, sed et in partem conrei.*

Ce n'est guère compréhensible : si les *conrei* sont fidéjusseurs mutuels sans convention expresse, appliquons-leur la novelle 99 ; mais qu'on leur applique aussi les effets exposés comme étant ceux de la mutuelle fidéjussion. Il faut être logique. Ah ! sans doute, si l'on appliquait aux *conrei* qui ne se sont pas portés fidéjusseurs les effets de la mutuelle fidéjussion, on choquerait tous les textes sur la solidarité ; mais qu'est-ce que cela nous prouve ? c'est que les *conrei* ne sont pas fidéjusseurs mutuels sans convention, que la novelle 99 ne les concerne donc pas. Cujas eût dû s'appliquer ce qu'il dit de deux interprètes : *Male Joannes dixit conreos socios tacite videri voce mutua fidejubere ; pessime autem Martinus indistincte dixit conreos vel non socios semper videri vice mutua fidejubere.* Arrivant au même résultat qu'eux, il n'eût pas dû les traiter ainsi.

En résumé, nous disons que la stipulation de mutuelle fidéjussion entre débiteurs solidaires produit des résultats importants :

1° Dans les rapports du créancier et de ses débiteurs, elle donne au créancier la faculté de poursuivre pour sa part dans la dette l'un des codébiteurs, sans perdre pour cela le droit de revenir contre lui pour le reste, au cas où les autres débiteurs paraîtraient insolvables ;

2° Elle donne au débiteur actionné pour le tout le droit d'invoquer le bénéfice de division établi par la novelle 99 ;

3° Dans les rapports des débiteurs entre eux, elle les met dans la même situation juridique que s'il y avait entre eux société ou mandat réciproque : elle donne en effet le droit à celui des débiteurs qui a payé l'intégralité de la créance de revenir contre ses collègues pour la part qu'ils doivent supporter définitivement dans la dette, et en suite elle permet au débiteur attaqué d'opposer la compensation du chef de son codébiteur.

DROIT FRANÇAIS.

TITRE Ier.

DROIT COUTUMIER.

Nous ne pouvons, sans transition, passer du droit romain à notre droit actuel, dont les principes *sont bien différents*. C'est dans notre ancienne jurisprudence que se sont élaborés ces principes; notre Code n'a fait que les transcrire : nous nous bornerons donc à rappeler les principes généraux du droit coutumier.

La novelle 99 de Justinien, en exigeant que la solidarité fût expressément stipulée, nous semble avoir été complétement adoptée pour notre ancien droit. Louis Legrand, commentateur de la coutume de Troyes, dit : La solidarité est une qualité griève qui ne se présume pas. (Louis Legrand, *Coutume de Troyes*, tome 1, p. 280.)

Charles Routier nous apprend comment l'on pouvait, de son temps, constituer la solidarité, et il dit qu'elle devait être expressément stipulée ou résulter de la nature de la chose, ce que nous nommons indivisibilité, ou enfin dériver de la qualité des parties ou d'une disposition de la loi. (Charles Routier, *Coutume de Normandie*, chap. 3, § 13.)

La décision que nous donnons d'après la doctrine est confirmée par la jurisprudence, et Lamoignon dit qu'on jugeait ainsi au Châtelet. (Arrêts du président Lamoignon, chap. 2, *de la solidarité*, art. 1er.)

Cependant la modification apportée, quant au bénéfice de division, par la novelle 99, ne fut adoptée ni dans les pays de droit écrit, ni dans les pays coutumiers; c'est ce que dit M. Prévôt de la Janès, t. 2, p. 307 : « La solidarité est l'engagement qui oblige chacun des débiteurs à payer toute la dette; de là vient que le coobligé solidaire poursuivi par le créancier ne peut lui opposer le bénéfice de division,

3

parce qu'il est obligé directement, principalement à toute la dette, et non accessoirement comme le fidéjusseur. Tel est le droit commun et général de la France, même en pays de droit écrit, où l'on ne suit pas la novelle 99, qui semble avoir donné cette exception aux codébiteurs solidaires; on peut juger par là de l'inutilité de la renonciation au bénéfice de division que les notaires insèrent toujours dans les clauses de solidarité. »

L'art. 114 de la coutume du Bourbonnais dit : Le créancier qui a plusieurs débiteurs à lui obligez, un seul pour le tout pour la même dette se peut prendre et adresser contre lequel il lui plaira pour toute la somme, sans qu'il se puisse aider du bénéfice de division, combien qu'à icelle il n'eût expressément renoncé. (Claude Rouyer, *Commentaire de la coutume du Bourbonnais,* page 196.)

La coutume de Nivernais décide de même, et Coquille, article 10, chap. 32, après avoir posé le principe, ajoute : *Et se trouve un arrêt du 8 mars 1507, par lequel on condamne en l'amende sur un appel, prétendant qu'en l'obligation n'étoient les mots sans division ni discussion.*

Outre les cas de solidarité reconnus par le droit romain, nous voyons apparaître dans notre ancienne jurisprudence plusieurs cas nouveaux où la solidarité a lieu de plein droit, et qui ont passé presque tous dans notre droit moderne.

La solidarité a lieu de plein droit entre cotuteurs, entre administrateurs publics, entre associés. Les sociétaires sont tenus solidairement des obligations émanées du chef de la société; mais la difficulté est de savoir si cette solidarité se borne à la part de chacun dans la société, ou si elle s'étend aux biens qui n'y sont pas compris.

Les arrêts du sénat de Piémont confirment la première opinion; cependant la plupart de nos auteurs (Coquille, *Coutume de Nivernais,* tit. 22, art. 5) et Lebrun admettent la solidarité indéfinie, parce que les autres associés peuvent enlever leur mandat au chef qui gère mal. (*Observat.* de Dunod, page 636, *Coutume de Bourgogne.*) Rappelons toutefois qu'en matière de commerce les associés n'engagent leurs coassociés solidaires que s'ils contractent pour le fait de leur commerce. (Ordon. du com. de 1673, tit. 4, art. 8.) Le parlement de Toulouse jugea que deux marchands coacquéreurs de marchandises, quoique non associés, étaient censés l'être pour cet achat, et, comme tels, engagés solidairement, bien que la solidarité ne fût pas exprimée. Les membres d'une société taisible étaient aussi associés solidaires.

Il y avait solidarité de plein droit entre les condamnés à des intérêts civils et même à des dépens en matière criminelle (arrêt du 21 mars 1712, *Journal des audiences*, t. 6, liv. 2, ch. 14);

Entre condamnés pour un même fait de fraude aux droits du roi : la solidarité avait lieu même, dans ces matières, tant pour la confiscation que pour les dépens, suivant l'ordonnance des fermes de juillet 1681, art. 20.

La solidarité résultait encore de dispositions législatives par lesquelles les princes, en cédant un droit, un avantage, exigeaient en retour la solidarité de leurs sujets pour le payement des redevances. Une ordonnance du roi Jean, en 1351, frappe d'une redevance annuelle les habitants de Tannières en Laonais, avec obligation pour les solvables de payer pour les autres (2ᵉ volume des ordonnances, p. 416). En 1356, une autre ordonnance du même roi contraint les habitants de Braoux près Langres à lui payer impôt de 60 livres, avec cette clause que celui qui ne payera pas sa part sera tenu de 2 sols d'amende; et l'ordonnance ajoute: Et s'il n'étoit si pouvre qu'il n'eut de quoi payer, li habitants nous paieront le deffaut ensemble 2 sols d'amende, et seront li deffaut parti entre eux par les prudhommes (4ᵉ vol. des ord., p. 336).

Enfin Charles V, en 1365, accorde aux habitants du bourg d'Aisnes exemption des appeaux, moyennant une redevance annuelle et solidaire payable au receveur de Vermandois (5ᵉ vol. des ord., p. 93).

Les cas de solidarité de plein droit par suite du défaut de payement des tailles étant trop nombreux, la Cour des aides, par arrêt du 6 janvier 1651, régla les cas où elle aurait lieu, et les formalités pour décerner la contrainte solidaire. Ainsi il n'y aura solidarité pour défaut de payement de la taille qu'au cas de rébellion des habitants et d'insolvabilité des collecteurs, et encore les principaux habitants ne seront tenus ainsi que s'ils sont dénommés par noms et prénoms.

Notre droit coutumier, confondant la solidarité et l'indivisibilité, cite comme un cas de solidarité de plein droit l'avantage qu'a le créancier d'une rente foncière de pouvoir demander le payement de toute la rente à chacun des codébiteurs copropriétaires du bien donné à rente foncière (2ᵉ volume, *Coutume d'Anjou*, p. 107, art. 462).

Le seigneur pouvait de même demander solidairement le cens à tout cocensitaire maître d'une partie de l'héritage donné sous condition de payer un certain cens (*Coutume de la Rochelle*, t. 1, p. 250 et p. 0). Pourtant quelques coutumes, comme celle de Blois, art. 129, refusaient la solidarité de plein droit dans ce cas.

La solidarité existait encore : 1° entre les cautions judiciaires; 2° entre coadjudicataires de biens vendus en justice ; car tous les engagements pris en justice doivent être entourés de toutes les garanties possibles ;

3° Entre les jurés et syndics des communautés de marchands et artisans, pour le maniement des deniers et l'administration des affaires de la communauté ;

4° Entre les huissiers-priseurs qui procèdent à la vente des meubles; bien que l'un d'eux ait reçu les deniers, tous répondent solidairement du prix. (*Collection de décisions nouvelles de jurisprudence* de Denisart, au mot *solidité*.)

TITRE II.

DROIT CIVIL.

Généralement, lorsqu'une personne s'oblige envers plusieurs autres, la créance primitive se divise en autant de créances qu'il y a de créanciers ; de même, quand plusieurs s'obligent envers un seul, la dette se fractionne en autant de dettes qu'il y a de débiteurs. L'emprunt se fait-il par un seul et même acte, chaque débiteur ne s'oblige néanmoins que pour soi et dans la mesure de l'intérêt qu'il a dans l'emprunt, et le créancier poursuivant, pour se faire payer, devra diriger autant de poursuites et lancer autant d'assignations qu'il y a de débiteurs. Il faudra qu'il agisse encore ainsi pour interrompre la prescription. En effet, il y a autant de dettes que de débiteurs, autant de créances que de créanciers.

La solidarité a pour but de remédier à cet inconvénient; elle concentre toute la créance sur la tête de l'un des créanciers, elle fait reposer toute la dette sur la tête de l'un des débiteurs, avec faculté pour ce débiteur de payer ce tout à l'un des créanciers solidaires ou au créancier commun, et avec loisir pour le créancier de tout exiger du débiteur commun ou de l'un des débiteurs solidaires. Il existe donc deux espèces de solidarité : l'une entre créanciers, l'autre entre débiteurs. Nous les traiterons successivement.

CHAPITRE Ier.

SOLIDARITÉ ENTRE CRÉANCIERS.

Cette espèce de solidarité est très-rare; nous verrons à ce sujet deux questions : 1º quel est son caractère; 2º les cas où elle peut avoir lieu et les effets qu'elle produit.

SECTION Le.

CARACTÈRES DE LA SOLIDARITÉ ENTRE CRÉANCIERS.

L'art. 1197 C. N. définit ainsi cette solidarité : L'obligation est solidaire entre plusieurs créanciers, lorsque le titre donne expressément à chacun d'eux le droit de demander le payement de toute la créance, et que le payement fait à l'un libère le débiteur, encore que le bénéfice de l'obligation soit partageable et divisible entre tous les créanciers.

L'on peut critiquer ce texte : si le titre donne à chaque créancier le droit de demander toute la créance, il indique assez que le payement fait à l'un libère le débiteur; cette seconde mention est donc inutile.

Il n'est pas non plus besoin de dire expressément dans le titre que chaque créancier pourra demander le payement du total; ce droit peut résulter d'un mot, en disant que les créanciers sont solidaires.

Notre droit n'ayant pas de termes sacramentels, la solidarité peut s'exprimer par des équipollents, mais des équipollents parfaits ; car, s'il y avait doute, l'obligation ne peut être déclarée solidaire.

Dans les contrats synallagmatiques, la solidarité stipulée ne s'entend que de la dette.

— 58 —

Il faut aussi distinguer de la solidarité entre créanciers des positions qui s'y rapportent un peu, mais que régissent des principes différents. Distinguons donc de la solidarité entre créanciers le cas où un créancier fait une indication de payement chez un tiers qui recevra pour lui, *adjectus solutionis gratia*. Dans le cas de solidarité, il y a deux créanciers ; ici, il n'y en a qu'un ; de là des différences.

L'*adjectus solutionis gratia*, n'étant pas créancier, ne peut poursuivre le débiteur en son nom ; s'il le fait indûment, il n'interrompra pas la prescription au profit du créancier, ce qui a lieu lorsque les poursuites émanent d'un créancier solidaire.

L'indication de payement est un mandat exclusivement personnel à l'*adjectus*, d'après les lois 55, D. *de verbor. obligat.*, et 81, *de solutionibus*. Pothier, *Traité des obligations*, n° 523, décide de même. Les héritiers d'un créancier solidaire peuvent au contraire recevoir le payement comme leur auteur.

D'après Pothier, l'indication de payement cesse si l'*adjectus* change d'état, est interdit (*loco citato*, n° 524). Ces circonstances n'éteignent pas la solidarité, et le tuteur du créancier interdit, le mari ou les syndics de la faillite pourront recevoir le payement, s'ils ne sont prévenus par les poursuites d'un autre créancier.

L'*adjectus* restitue tout ce qu'il a reçu au créancier ; il n'en est pas ainsi du créancier solidaire.

SECTION II.

EFFETS DE LA SOLIDARITÉ ENTRE CRÉANCIERS.

Voyons les effets de cette solidarité. Chaque créancier peut recevoir le payement de l'entière créance et en donner quittance ; l'article 1198, § 1, dit : Il est au choix du débiteur de payer à l'un ou à l'autre des créanciers solidaires, tant qu'il n'est pas prévenu par les poursuites de l'un d'eux.

Cette disposition vient du droit romain ; elle s'expliquait par des principes étrangers à notre droit. Le débiteur ne pouvait payer que celui qui l'assignait ; la *litis contestatio* novait, et cette novation libérait le débiteur vis-à-vis des autres créanciers en éteignant la dette primitive. Aujourd'hui on ne conçoit plus cette novation ; comment doncexpliquer l'art. 1198, en disant que les rédacteurs admettent les conséquences d'un principe qu'ils ont repoussé? Voici une autre explication : cette poursuite opérant une sorte de saisie-arrêt entre les mains du débiteur, on ne comprend pas comment il payerait un autre créancier. En effet, celui qui reçoit toute la dette est sûr d'être payé ; il a donc intérêt à ce que les choses se passent ainsi.

Le droit de payer le créancier qu'il choisit emporte pour le débiteur le droit de faire des offres à ce créancier pour la somme intégrale, et de se libérer par une consignation régulière faite à la suite de ses offres. Mais il ne peut pas offrir seulement la moitié de la dette, disant que la créance se divise également entre les créanciers. Ce partage, qui n'a pas toujours lieu, n'a d'effet qu'entre créanciers, et le débiteur ne peut en exciper.

Le débiteur héritier de l'un des créanciers solidaires peut opposer la confusion à l'autre ; seulement ce créancier lui demandera ce qu'il eût exigé de son auteur qui aurait reçu le remboursement, c'est-à-dire le partage du bénéfice de l'obligation.

A Rome, l'on regardait les créanciers solidaires comme pouvant chacun disposer de toute la créance ; l'on en concluait que chacun pouvait remettre toute la dette : *Acceptilatione unius tota tollitur obligatio* (l. 2, D. *de duobus reis*). Pothier, Traité des oblig., n° 260, n° 4, professait la même doctrine.

Le Code ne donne pas au créancier solidaire un pouvoir aussi grand ; l'art. 1198, § 2, dit : La remise émanée d'un créancier solidaire ne libère le débiteur que pour la part de ce créancier.

La décision romaine, disait M. Bigot-Préameneu dans son exposé des motifs au corps législatif, a paru peu conforme à l'équité, trop favorable à la mauvaise foi.

On doit suivre l'intention présumée des parties ; chaque créancier solidaire a droit d'exécuter le contrat. Mais remettre la dette n'est pas l'exécuter ; c'est d'un contrat intéressé faire un contrat de bienfaisance. Celui qui remet ne peut remettre que ce qui lui appartient ; bienfaisant pour le débiteur, qu'il ne nuise pas à ses cocréanciers.

Si le créancier donne une quittance, le contrat lui permet de recevoir, de donner quittance ; c'est donc l'exécution directe du contrat ; seulement les autres pourraient prouver que la quittance n'est qu'un acte simulé, et cela par simple présomption. La novation faite par l'un des créanciers peut-elle être opposée à l'autre? A Rome, l'on eût dit oui ; mais, sous le Code, tous les auteurs interdisent au créancier solidaire la faculté de nover, ne lui donnant que le droit de recevoir le payement. Il ne peut rien faire de préjudiciable à ses cocréanciers.

Le créancier solidaire ne peut non plus diminuer les sûretés ni donner terme; il peut seulement recevoir des à-compte.

Mais le créancier solidaire peut améliorer la position des autres. L'art. 1199 C. N. dit : Tout acte interrompant la prescription à l'égard de l'un des créanciers solidaires profite aux autres. La reconnaissance de la dette faite par le débiteur à l'un des créanciers et les poursuites dirigées contre lui par l'un des créanciers interrompent aussi la prescription vis-à-vis des autres; l'art. 1199 disant tout acte, entend la reconnaissance du débiteur comme l'interpellation judiciaire.

Une citation en justice interruptive de la prescription perd son effet quelquefois par désistement ou péremption (C. N. 2247); mais l'effet interruptif cesse-t-il vis-à-vis de tous les créanciers? Nous disons oui, car il serait singulier que le débiteur fût libéré à l'égard du poursuivant, et non vis-à-vis des autres qui, s'ils avaient voulu prévenir la péremption, n'avaient qu'à intervenir dans l'instance.

D'après l'art. 1199 C. N., le jugement qu'obtient l'un des créanciers contre le débiteur profite à tous les autres. Mais le débiteur obtenant un jugement contre l'un des créanciers, jugement qui le libère, peut-il l'opposer aux autres ? Non, car en se défendant mal un créancier pourrait empirer la condition des autres.

Le serment déféré par l'un des créanciers solidaires au débiteur ne libère celui-ci que pour la part de ce créancier.

Voyons maintenant les effets de la solidarité dans les rapports respectifs des créanciers. Chaque créancier peut exiger du débiteur toute la dette ; mais le bénéfice de l'obligation doit ensuite être réparti entre tous les créanciers. Ces mots de l'art. 1197 C. N. : encore que le bénéfice de l'obligation soit partageable et divisible entre les créanciers, indiquent une règle générale; car, si deux personnes figurent au même titre dans un contrat, il faut bien supposer le même intérêt. Cependant toute la créance peut n'appartenir qu'à l'un d'eux;

alors tout est pour lui : s'il a touché, il conserve le tout ; sinon il se fait rendre. Les parts dans le bénéfice peuvent aussi être inégales.

Mais comment prouver que les créanciers n'ont pas droit à des parts égales? faut-il une preuve testimoniale, des présomptions, ou au contraire une preuve écrite? La preuve écrite est nécessaire, car celui qui demande le total prétend avoir donné aux autres créanciers un mandat plus étendu que celui que la solidarité emporte en principe ; or, d'après l'art. 1985 C. N., la preuve testimoniale du mandat n'est reçue que conformément au titre des contrats ou obligations conventionnelles. C'est prouver contre l'acte d'obligation que de vouloir s'attribuer dans le bénéfice une part supérieure à la part virile, si l'acte n'en dit rien.

Le créancier solidaire qui a reçu un à-compte peut-il imputer ce qu'il a reçu sur sa part seulement? Non ; les créanciers solidaires forment entre eux une espèce de société, et il faut leur appliquer l'art. 1849 C. N., qui porte : Si l'un des associés a reçu toute sa part de la créance commune, et que le débiteur soit depuis devenu insolvable, cet associé doit rapporter à la masse commune ce qu'il a reçu, encore qu'il eût donné quittance pour sa part. Cette solidarité étant fort rare, les détails sur ce point suffisent ; occupons-nous donc d'une solidarité plus pratique qu'il importe d'étudier plus à fond, c'est-à-dire de la solidarité existant entre les débiteurs.

CHAPITRE II.

PRINCIPES GÉNÉRAUX DE LA SOLIDARITÉ DES DÉBITEURS.

Nous examinerons : 1° les caractères constitutifs de la solidarité ; 2° les modes de l'établir ; 3° ses effets dans les rapports du créancier au débiteur ; 4° son étendue ; 5° les exceptions qu'elle apporte aux règles de la prescription ; 6° l'effet des jugements rendus avec l'un des débiteurs solidaires, ou des recours pratiqués par ou contre un seul des débiteurs vis-à-vis des autres ; 7° les effets de la solidarité dans les rapports respectifs des débiteurs ; 8° les modes d'extinction de la solidarité ; 9° l'effet du cautionnement solidaire.

SECTION Iʳᵉ.

CARACTÈRES CONSTITUTIFS DE LA SOLIDARITÉ ENTRE DÉBITEURS.

L'art. 1200 C. N. définit la solidarité en ces termes : Il y a solidarité de la part des débiteurs, s'ils sont obligés à une même chose, de manière que chacun puisse être contraint pour le tout, et que le payement fait par un seul libère les autres envers le créancier.

Pour qu'il y ait solidarité, la première condition c'est que les débiteurs doivent une même chose; s'ils s'obligent par le même contrat à deux choses différentes, il n'y a plus solidarité; chacun ne doit que ce qu'il a promis; la deuxième, qu'ils soient obligés de sorte que chacun soit soumis au payement du tout. La troisième condition est que tous les débiteurs soient obligés par le même titre, et qu'ils forment ou soient censés former entre eux une espèce de société (Toullier, t. 6, n° 723; Aubry et Rau sur Zachariæ, t. 2, p. 260, not. 2); autrement le créancier pourrait bien s'adresser au débiteur qu'il voudrait, mais celui-ci ne représenterait pas les autres : ainsi, un homme assure sa maison qui brûle par le fait d'un tiers; le propriétaire peut se faire indemniser par le coupable ou la compagnie d'assurances, sans que la compagnie et le tiers soient solidaires.

Il faut que les débiteurs doivent la même chose, mais il n'est pas nécessaire que ce soit de la même manière, ni à partir du même instant. L'art. 1201 C. N. dit : L'obligation peut être solidaire, bien qu'un débiteur soit obligé différemment de l'autre au payement de la même chose. L'incapacité d'un débiteur n'empêche pas non plus la solidarité, et le débiteur capable ne peut exciper de l'incapacité de son codébiteur, car l'on peut cautionner un incapable (2012 C. N.) : pourquoi ne s'obligerait-on pas solidairement avec lui?

Dans l'obligation indivisible, comme dans l'obligation solidaire, chaque débiteur doit le tout (1200 et 1222 C. N.); mais elles diffèrent sous plusieurs rapports : en cas d'indivisibilité, chacun n'est tenu pour le tout qu'à l'exécution de l'obligation primitive; si elle se convertit en dommages-intérêts, le débiteur non en faute ne doit que sa part; en cas de solidarité, au contraire, tout débiteur doit exécuter toute l'obligation transformée comme l'ancienne : la solidarité est donc préférable à l'indivisibilité. D'un autre côté, l'indivisibilité vaut mieux que la solidarité; car la première passe aux héritiers avec le même caractère, tandis que la seconde n'empêche pas l'obligation de se diviser entre les héritiers de chaque débiteur.

SECTION II.

COMMENT S'ÉTABLIT LA SOLIDARITÉ.

L'art. 1202 C. N. dit d'abord : « La solidarité ne se présume pas ; il faut qu'elle soit expressément stipulée, sauf les cas où elle a lieu de plein droit, en vertu d'une disposition de la loi. » Notre droit rejetant les termes sacramentels, il n'est pas besoin de mettre le mot solidarité dans la convention; dès que l'idée de solidarité résulte des termes employés, cela suffit, les débiteurs disant qu'ils seront tenus l'un pour l'autre, chacun pour le tout; mais, dans le doute, il faut se prononcer contre la solidarité.

La solidarité entre créanciers est toujours conventionnelle; celle entre débiteurs naît de la convention ou de la loi (art. 395, 396, 1033, 1442, 1734, 1887, 2002 C. N.; puis les art. 20, 24, 140 C. pr. et 55 C. pén.).

SECTION III.

EFFETS DE LA SOLIDARITÉ DANS LES RAPPORTS DU CRÉANCIER AVEC LES DÉBITEURS.

Les auteurs du Code Napoléon ont consacré comme doctrine qu'il était inutile de renoncer au bénéfice de division, ce bénéfice étant contraire à la nature de la solidarité. C'est l'avis de Cujas; il est reproduit dans l'art. 1203, ainsi conçu : Le créancier d'une obligation solidaire peut s'adresser à celui des débiteurs qu'il veut choisir, sans que celui-ci puisse lui opposer le bénéfice de division; l'art. 1204 ajoute : Les poursuites faites contre un débiteur n'empêchent pas le créancier d'en exercer de pareilles contre les autres. Ce texte serait plus correct, s'il eût dit que les poursuites contre un débiteur n'empêchent pas de poursuivre les autres; car il est clair que les poursuites contre ceux-ci peuvent être plus ou moins rigoureuses que celles contre celui-là ; qu'après avoir poursuivi un débiteur sur ses biens seulement, le créancier qui a un titre à cet effet peut contraindre l'autre par corps, et *vice versâ*.

L'art. 1208 C. N. indique les exceptions ou moyens de défense qu'un débiteur solidaire peut opposer au créancier qui l'actionne : Le codébiteur solidaire, dit-il, poursuivi par le créancier, peut opposer toutes les exceptions résultant de la nature de l'obligation, toutes celles à lui personnelles et celles communes à tous les débiteurs ; mais il ne peut opposer celles purement personnelles à ses codébiteurs. Le débiteur solidaire opposera donc au créancier trois sortes d'exceptions : 1° celles à lui personnelles, par exemple : s'il est obligé à terme, sous condition ; s'il est mineur, incapable ; s'il a contracté par erreur, violence dol ; 2° celles qui résultent de la nature de l'obligation : ainsi, dans une vente d'immeubles, chaque acheteur excipera, pour ne pas payer son prix, du trouble ou de la crainte d'être troublé dans la jouissance de l'immeuble vendu par suite d'une action hypothécaire ou en revendication (1653 C. N.); dans un louage, chaque locataire ou fermier solidaire évitera de payer le prix en opposant au bailleur qu'il n'a pas livré la chose en bon état de location. Enfin, le débiteur solidaire opposera au créancier les exceptions communes à tous ; ces exceptions, qui comprennent celles dérivant de la nature de l'obligation, résultent, en outre, des vices primitifs de l'obligation, ou de circonstances postérieures qui l'ont éteinte.

Les exceptions venant des vices primitifs de l'obligation résultent parfois de l'incapacité absolue du créancier, de l'absence d'un objet certain, du défaut de cause ou de cause licite, d'une nullité de forme, enfin de l'absence de toute preuve légale. Tous les débiteurs peuvent invoquer ces divers vices.

Les circonstances postérieures font naître aussi des exceptions peut-être encore plus nombreuses, et qu'il faut examiner attentivement.

D'abord tout débiteur peut opposer le payement fait au créancier par l'un des débiteurs, ou celui résultant d'offres réelles suivies de consignation.

Si la créance est novée avec tous les débiteurs, chacun d'eux peut opposer l'extinction de la dette, et chacun ne doit plus que la nouvelle obligation, en supposant que la novation ne résulte pas de la substitution d'un nouveau débiteur. Mais la solidarité stipulée dans la première créance passe-t-elle de plein droit à celle qui la remplace? L'art. 1278 semble décider la négative : Les priviléges et hypothèques de l'ancienne créance, dit-il, ne passent à la nouvelle qu'au cas de réserve expresse de la part du créancier. Il ne parle pas de la solidarité; cependant nous croyons devoir l'y étendre, car, comme les priviléges et hypothèques, elle ne se présume pas et est une exception au droit commun.

L'art. 1281 C. N. montre les effets de la novation faite avec un seul débiteur : Par la novation faite entre le créancier et un débiteur solidaire, dit-il, ses codébiteurs sont libérés ; néanmoins, si le créancier a exigé l'accession des codébiteurs, l'ancienne créance subsiste, si les codébiteurs refusent d'accéder au nouvel arrangement. Mais le créancier doit faire cette réserve lors de la novation ; plus tard elle serait inutile. La réserve équivaut alors à une condition suspensive (Marcadé sur 1281, no 2). Mais, les termes du contrat fixant un délai pour cette accession, l'exécution de la première obligation serait suspendue pendant ce temps, et la réserve aurait l'effet d'une condition résolutoire.

Le créancier qui nove peut exiger l'adhésion des autres débiteurs, mais cela ne prouve pas nécessairement qu'il ait voulu réserver les priviléges et hypothèques sur leurs biens ; pourtant, si le créancier avait déjà réservé l'hypothèque donnée par le débiteur avec qui il traite, il serait vraisemblable que ce serait une adhésion pareille qu'il exigerait des autres : ce sont là des questions d'intention plutôt que de principes.

Le créancier qui n'exige pas l'adhésion des codébiteurs à la novation qu'il consent ne peut réserver les priviléges et hypothèques sur leurs biens pour assurer l'exécution de la nouvelle créance; car l'art. 1280 dit : Si la novation s'opère entre le créancier et l'un des débiteurs solidaires, les priviléges et hypothèques de l'ancienne créance ne peuvent être réservés que sur les biens du nouveau débiteur.

L'on justifie difficilement cette disposition de la loi, car l'on peut donner un gage, une hypothèque sans s'engager personnellement :

pourquoi le créancier, quand l'hypothèque concourt avec l'obligation personnelle d'une caution ou d'un débiteur solidaire, ne pourrait-il donc remettre celle-ci et retenir celle-là?

Aussi le créancier peut-il imposer comme condition à la novation que les priviléges et hypothèques seront conservés, et, si les codébiteurs s'y refusent, il n'y aura rien de fait, et l'ancienne dette subsistera toujours.

Tous les débiteurs peuvent opposer la remise de la dette; aussi l'art. 1285 C. N. porte : La remise ou décharge conventionnelle au profit d'un débiteur solidaire libère tous les autres, si le créancier n'a expressément réservé ses droits contre eux, auquel cas il ne peut répéter la dette que déduction faite de la part de celui à qui il a fait remise. La réserve est assez évidente, si le créancier dit faire remise à tel débiteur, et ce pour sa part seulement; la réserve doit être faite lors de la remise (Toullier, t. 7, n° 329). Le créancier peut aussi ne décharger le débiteur que de la solidarité; alors il ne pourra plus l'actionner que pour sa part virile, mais il actionnera les autres pour le tout.

Un créancier réservant ses droits contre les autres débiteurs ne conserve contre eux la solidarité que déduction faite de la part de celui auquel il a fait remise.

Les actes s'interprétant d'après l'intention de ceux qui les font, si le débiteur auquel l'on a remis n'était que caution solidaire, la remise passera pour remise de cautionnement, et non pour remise d'une partie de la dette, la caution n'en devant principalement aucune part, et l'on appliquerait l'art. 1287 C. N., qui dit que la remise faite à la caution ne libère pas le débiteur principal. Mais le créancier qui ferait remise au débiteur principal, réservant ses droits contre la caution solidaire, ferait une réserve inutile, l'obligation accessoire ne pouvant survivre à l'obligation principale. Nous reconnaîtrons pourtant, avec MM. Toullier, t. 7, n° 329, not. 2, et Marcadé sur 1285, n° 3, que si le créancier avait dit remettre au débiteur principal sa seule part, il faudrait entendre par là sa part virile, vu que dans le doute la renonciation s'interprète de la manière la moins nuisible au créancier.

Tout débiteur excipera encore de la perte de la chose due, si elle ne résulte de la faute d'aucun d'entre eux, tous invoqueront aussi la prescription.

D'après l'art. 1294, le débiteur solidaire ne peut opposer la compensation de ce que le créancier doit à son codébiteur. Bien qu'on ait donné plusieurs motifs pour justifier cette décision, un seul nous paraît admissible ; c'est celui-ci : qu'un débiteur solidaire n'est pas forcé de procurer un avantage malgré lui à ses codébiteurs, si le créancier n'exige rien de lui ; et de même qu'il n'est pas tenu de payer toute la dette si le créancier ne l'exige, de même il peut ne pas faire bénéficier ses codébiteurs d'une compensation qu'il peut seul opposer.

Si tel est, comme nous le pensons, le motif qui a dicté l'art. 1294, nous en tirerons d'importantes conséquences.

1º Si le débiteur propriétaire de la créance compensable est mis en cause par ses codébiteurs, et s'il oppose la compensation pour le tout, le créancier ne doit plus poursuivre les autres ; car si un débiteur, en payant, peut toujours libérer les autres, pourquoi n'atteindrait-il pas le même but en opposant la compensation au créancier commun? 2º Les codébiteurs du propriétaire de la créance compensable peuvent, en son absence et contre son gré, opposer la compensation à concurrence au moins de sa part dans la dette commune: en effet, jusqu'à concurrence de cette part, ils ne sont que les cautions de ce débiteur, et l'art. 1294, § 1, porte que la caution peut opposer la compensation de ce que le créancier doit au débiteur principal. 3º Si les codébiteurs poursuivis ne sont que cautions solidaires du débiteur auquel appartient la créance compensable, ils peuvent opposer la compensation pour le tout. En vain M. Marcadé veut-il éluder cette conséquence en disant que les cautions solidaires ne le sont que dans leurs rapports respectifs, et que, vis-à-vis du créancier, il ne faut pas les distinguer du principal obligé; ici le créancier ne peut pas plus se plaindre que si la compensation lui était opposée par tout autre ayant cause du propriétaire de la créance, et les débiteurs actionnés écartent le § 3 de l'art. 1294, qui défend au débiteur solidaire d'opposer la compensation de ce que le créancier doit à son codébiteur, par le § 1, qui permet à toute caution d'opposer la compensation de ce que le créancier doit au débiteur principal.

Le débiteur solidaire ne libère les autres que si le *créancier l'y* contraint, ou s'il le veut bien. Ceci explique les art. 1209 et 1301, n° 3, C. N. Lorsqu'un débiteur solidaire, dit l'art. 1209, hérite seul du créancier, ou si le créancier est l'unique héritier d'un des débiteurs, la confusion n'éteint la créance solidaire que pour la part et portion du débiteur ou du créancier. M. Marcadé remarque ici que ces derniers mots renferment une inadvertance visible; car la loi, dans l'art. 1209, ne traitant que la solidarité entre débiteurs, il ne pouvait être question que des parts respectives des débiteurs, non de celles des créanciers, puisqu'il n'y en a qu'un; l'art. 1209 eût donc dû dire que la confusion n'éteint la créance solidaire que pour la part du débiteur héritier du créancier, ou dont le créancier a hérité. L'art. 1301, § 3, est plus correct disant : La confusion qui s'opère dans la personne du créancier ne profite à ses codébiteurs solidaires que pour la portion dont il était débiteur.

L'art. 1209 ne parle que du cas où le créancier hérite seul de l'un des débiteurs, ou de celui où l'un des débiteurs hérite seul du créancier; mais il est clair qu'il faut, par analogie, étendre ses dispositions au cas où le créancier n'hérite d'un débiteur que pour une part, c'est-à-dire que la confusion n'a pas dès lors lieu pour toute la part du débiteur, mais pour une demie, un tiers, un quart de cette part, suivant que le créancier hérite du débiteur avec un ou deux ou trois autres.

SECTION IV.

ÉTENDUE DE LA SOLIDARITÉ.

Son étendue, dans deux cas, donne lieu à de graves difficultés : 1° par rapport aux accessoires de la dette; 2° si la chose promise périt par la faute de l'un des débiteurs.

La solidarité promise comprend les accessoires de la dette stipulés et promis dans le contrat, les intérêts promis jusqu'à remboursement pour un capital prêté, les fruits d'un immeuble vendu promis depuis un certain temps. Mais comprend-elle aussi de plein droit les accessoires non exprimés dans le contrat? La loi l'a dit pour les intérêts; l'art. 1207 porte : La demande d'intérêts contre un débiteur solidaire les fait courir contre tous. Mais en sera-t-il ainsi des fruits d'un bien vendu perçus depuis la vente, et dont l'acheteur peut demander compte? le vendeur qui ne les a pas perçus, et qui n'a pas été mis en demeure avant leur perception, doit-il les fruits perçus par l'autre? Non. La solidarité est une exception au droit commun ; elle est donc de droit étroit et doit être restreinte dans les termes du contrat. « Le fait d'un débiteur, dit Pothier, unit aux autres *ad servandam obligationem non ad augendam* » (n° 273). L'art. 1207 s'étend bien aux intérêts non stipulés et résultant de la demande contre un autre débiteur, mais cette disposition, contraire au droit romain, ne se justifie que par deux considérations : 1° c'est que les dommages venant du retard du payement d'une somme d'argent, étant fixés par la loi, peuvent facilement être prévus; 2° c'est que chaque débiteur peut toujours arrêter le cours des intérêts en faisant des offres réelles au créancier; mais, quand le dommage ne peut s'évaluer d'une manière certaine et que l'un des débiteurs solidaires n'a pu l'empêcher, la loi est inapplicable dans son esprit et dans ses termes.

Une obligation solidaire peut avoir pour objet un corps certain qui périt avant l'exécution de l'obligation : s'il périt sans faute et sans mise en demeure d'aucun débiteur, l'obligation est éteinte; mais s'il périt par la faute de l'un d'eux, les autres, au cas d'obligation conjointe, seraient libérés. Mais, en cas de solidarité, il n'en est pas ainsi; chaque débiteur est censé promettre et garantir le fait de l'autre : d'où il résulterait que chacun devrait tout le dommage causé par le fait de l'autre. Dumoulin rejetait ce résultat : suivant lui, le débiteur innocent ne doit que l'estimation de l'obligation principale, et non les dommages qui l'excèdent (3° part., n° 126). Savigny fait répondre le corré du fait actif, non du fait passif de son corré ; mais les auteurs du Code distinguent, comme Dumoulin, dans l'art 1205 C. N. : si la chose due périt par la faute ou pendant la demeure de l'un ou plusieurs des débiteurs solidaires, ses codébiteurs ne sont pas déchargés de l'obligation de payer le prix de la chose, mais ils ne payeront pas de dommages et intérêts ; le créancier les répétera seulement tant contre les débiteurs par la faute desquels la chose a péri, que contre ceux qui étaient en demeure. Cependant, dans le cas où les dommages dus pour inexécution de l'obligation ont été prévus dans le contrat,

4

le débiteur non en faute les doit en entier, parce qu'il peut répondre de la faute de son codébiteur, et qu'il est censé ici l'avoir fait.

Si le débiteur qui possède la chose promise refuse de la livrer, et que l'on ne puisse l'y contraindre, il faut raisonner comme en cas de perte de la chose par sa faute; les autres devront donc la valeur de la chose, mais non les dommages-intérêts.

Si la chose promise périt par la faute d'un héritier seulement de l'un des débiteurs, ses cohéritiers sont libérés, car ils ne promettent pas le fait les uns des autres, et les autres débiteurs ne seront tenus qu'à concurrence de la part recueillie par l'héritier fautif dans l'hérédité (Duranton, tome 11, n° 218).

SECTION V.

DE LA PRESCRIPTION DES OBLIGATIONS SOLIDAIRES.

L'obligation solidaire se prescrit par 30 ans écoulés sans poursuites contre aucun des débiteurs, s'il n'y a pas eu pendant ce temps interruption de prescription. Mais la cause interrompant ou suspendant la prescription à l'égard d'un débiteur l'interrompt-elle vis-à-vis des autres? Pour l'interruption, disons oui. L'art. 1206 porte: Les poursuites faites contre un débiteur solidaire interrompent la prescription à l'égard de tous; le débiteur poursuivi est censé dénoncer les poursuites aux autres qui sont véritables cautions à l'égard du créancier. Et l'art. 2250 dit d'une manière générale : L'interpellation faite au débiteur principal interrompt la prescription contre la caution.

L'interruption par la reconnaissance de l'un des débiteurs a le même effet, bien que l'art. 1206 n'en dise mot; car l'art. 2249, § 1, porte : L'interpellation faite, en se conformant aux articles précités, à l'un des débiteurs solidaires, ou sa reconnaissance, interrompt la prescription contre tous les autres, même contre leurs héritiers.

Mais la solidarité ne produit pas l'indivisibilité; si l'un des débiteurs meurt, ses héritiers ne sont tenus de la dette qu'en proportion de leur part héréditaire. Chaque héritier ne représente pas ses cohéritiers, et il ne représente les autres débiteurs que pour sa part dans la succession de son auteur.

L'art. 2249, *in fine*, ne fait qu'appliquer le principe; l'interpellation faite à l'un des héritiers d'un débiteur solidaire, ou la reconnaissance de cet héritier, n'interrompt pas la prescription à l'égard de ses co-héritiers, lors même que la créance serait hypothécaire, si l'obligation n'est indivisible; cette interpellation ou cette reconnaissance n'interrompt la prescription à l'égard des autres codébiteurs que pour la part qu'il doit; pour interrompre la prescription pour le tout à l'égard des autres codébiteurs, il faut interpeller tous les héritiers du défunt, ou obtenir leur reconnaissance à tous.

SECTION VI.

DE L'AUTORITÉ DES JUGEMENTS RENDUS AVEC UN SEUL DÉBITEUR SOLIDAIRE PAR RAPPORT AUX AUTRES, ET DE L'EFFET DES SIGNIFICATIONS, EXÉCUTIONS ET RECOURS PRATIQUÉS PAR OU CONTRE UN SEUL D'ENTRE EUX.

Les débiteurs solidaires sont censés s'être donné mandat réciproque de payer la dette; mais, le législateur n'ayant pas précisé la portée de ce mandat, des questions délicates s'élèvent à l'occasion des jugements rendus avec un seul débiteur, comme dans le cas d'un jugement où tous ont figuré, à propos des significations, exécutions et recours pratiqués contre un seul d'entre eux : telles sont les difficultés que nous essayerons de résoudre.

§ Ier. — *Jugement rendu avec un seul des débiteurs.*

Pour préciser l'effet de ce jugement à l'égard des autres débiteurs, voyons le cas de jugement favorable au débiteur et celui où il lui est contraire.

Le jugement favorable au débiteur est basé sur des exceptions ou personnelles ou communes à tous. Au 1er cas, les débiteurs non-parties au jugement ne peuvent pas plus l'invoquer qu'il n'eussent pu se prévaloir des moyens qui l'ont déterminé; ils doivent donc toujours le tout, sans pouvoir défalquer la part de celui relaxé par le jugement. Si les codébiteurs ont su ou pu savoir lors du contrat les motifs invoqués par leur codébiteur pour obtenir gain de cause, c'est une chance qu'ils ont voulu courir; ils n'ont pas à s'en plaindre. Mais le débiteur est-il relaxé pour une cause que ses codébiteurs ne pouvaient prévoir lors du contrat, par exemple un dol pratiqué envers lui à l'insu des autres; comme ceux-ci comptaient recourir contre lui pour sa part, et que la faute du créancier leur enlèverait ce recours, la solidarité ne subsiste plus vis-à-vis d'eux que déduction faite de la part du relaxé.

Mais le débiteur est-il relaxé par suite de moyens communs à tous, le jugement profitera à tous les débiteurs; car si ceux non-parties au jugement ne pouvaient l'invoquer, il faudrait, s'ils succombent, leur donner un recours pour sa part virile contre le débiteur relaxé, ce qui serait attenter à la chose jugée, ou dire qu'ils ne sont tenus que déduction faite de sa part, ce qui serait déclarer brisé un lien que les parties n'ont pas voulu rompre.

Le créancier ne peut même remettre en question ce qui a été jugé avec le relaxé, prétextant qu'il ne l'a actionné que pour sa part, l'art. 1211 déclarant cette énonciation insuffisante pour rompre la solidarité; pour pouvoir actionner plus tard les autres, il eût fallu d'abord qu'il renonçât à la solidarité irrévocablement; mais alors, la solidarité n'étant établie que dans l'intérêt du créancier, nous penserions que le débiteur actionné devrait être regardé comme simple débiteur conjoint, c'est-à-dire que le jugement obtenu par lui ne profitera pas aux autres.

Nous trouvons dans l'art. 1365 C. N. une application de ces principes; car, après avoir dit dans son § 1 que le serment déféré au débiteur solidaire profite aux autres, il restreint ainsi sa première décision : le serment du codébiteur solidaire ne profite aux autres que s'il a été déféré sur la dette, non sur le fait de la solidarité; en effet, la dette, qui est le principal, peut exister sans la solidarité, qui n'est que l'accessoire, tandis qu'on ne conçoit pas une solidarité sans dette existante. C'est l'application du principe général renfermé dans l'art. 1208 C. N., disant : chaque débiteur peut opposer les exceptions communes.

Le jugement défavorable à un débiteur solidaire peut-il être opposé aux autres? D'abord on croit pouvoir dire non. Si les débiteurs

non actionnés avaient des exceptions personnelles qu'ils pussent invoquer, il est clair que le jugement ne peut les leur enlever; mais,
après le jugement, peuvent-ils encore opposer des exceptions communes? oui, si elles n'ont pas été invoquées: on ne peut croire qu'ils
laissent leurs codébiteurs sacrifier leurs droits, et, dans les art. 1206 et
1207, la loi ne trouve jamais les débiteurs solidaires assez bien re-
présentés par leurs codébiteurs que lorsqu'il s'agit d'éviter une perte
pour le créancier.

La difficulté surgit, si les débiteurs non actionnés n'ont à opposer
que des exceptions déjà proposées. Le créancier dira qu'ils eussent
eu le sort de leurs codébiteurs; mais ceux-ci répondront: autre chose
est opposer un moyen, autre chose le prouver. Bien poser les conclusions est beaucoup pour gagner un procès, mais une plaidoirie
habile est aussi importante; avec les mêmes conclusions, ils eussent
pu gagner où le débiteur a perdu. Que répondre? rien. Laissons donc
les codébiteurs proposer les exceptions déjà proposées, et cela par
voie de simple défense, sans recourir à la tierce opposition; car
nulle part la loi ne dit qu'un débiteur solidaire ait mandat autre
que de représenter ses codébiteurs, et ce pour leur seul avantage.

Mais le créancier perd-il le second procès après avoir gagné le
premier, le débiteur d'abord condamné a-t-il recours contre les autres
jusqu'à concurrence de leur part virile dans la dette? Non. D'abord
cette question semble pouvoir se résoudre d'après l'interprétation
donnée à l'art. 2031, § 2, qui dit: « Lorsque la caution paye sans être
poursuivie et sans avertir le débiteur principal, elle ne peut recourir contre lui, si, lors du payement, ce débiteur avait des moyens
pour faire déclarer la dette éteinte, sauf son action en répétition
contre le créancier. »

MM. Delvincourt et Troplong sont en désaccord sur ce point. Suivant le premier, t. 3, p. 145, *des notes et explications*, la caution ne
peut recourir, même quand elle a payé après poursuites, si elle n'a
pas averti le débiteur; tandis que, d'après Troplong, n° 385, *du cautionnement*, les poursuites dirigées contre la caution la dispensent
d'avertir le débiteur principal. Quant à M. Rodière, il accorde en général à la caution son recours contre le débiteur principal pour le
payement qu'elle a fait; pourtant il le lui enlève quand elle n'a pas

proposé des moyens de défense qu'elle pouvait découvrir sans s'adresser au débiteur principal.

Quoiqu'il en soit, notre cas diffère de celui de l'art. 2032. On conçoit que la caution recoure plus facilement contre le débiteur principal quand elle a payé sans jugement, parce que le droit de répéter du créancier fondé sur la *condictio indebiti* reste intact; mais si elle se laisse condamner par jugement passé en force de chose jugée, sans appeler le débiteur principal, elle mérite de perdre tout recours, ayant rendu impossible toute répétition contre le créancier. En un mot, payer pour la caution vaut mieux que de déduire la chose en jugement, vu qu'on peut répéter un payement mal fait, mais l'on ne peut revenir sur la chose jugée.

§ II. — *Jugement rendu avec tous les débiteurs, mais signifié ou attaqué par ou contre quelques-uns seulement.*

D'abord le créancier a succombé : le jugement signifié par un seul débiteur fait-il courir les délais de l'opposition ou de l'appel au profit de tous les autres? Oui, si le débiteur qui le signifie n'avait pas proposé d'exceptions à lui personnelles outre les exceptions communes. Alors celui qui fait la signification est censé la faire dans l'intérêt de tous; ses codébiteurs peuvent donc invoquer la déchéance, comme ils invoqueraient tout autre avantage obtenu par leur codébiteur et n'ayant rien de personnel; ex. : la remise à lui faite (1285), le serment par lui prêté (1365), le jugement obtenu par lui et fondé sur une exception commune.

Mais l'appel interjeté utilement par le créancier contre un seul débiteur peut-il être opposé aux autres qui n'ont pas invoqué d'exceptions personnelles? Cet appel, selon nous, couvrira le créancier de toute déchéance; pourquoi le créancier aurait-il moins de droit en appel qu'en première instance? En première instance, citant en justice un des débiteurs, il peut encore poursuivre les autres; pourquoi n'en serait-il pas ainsi en appel? Appelant en temps opportun vis-à-vis d'un débiteur, il a par là tout remis en question, et l'on ne peut induire de son silence vis-à-vis des autres aucune présomption d'acquiescement, puisque tous les débiteurs en première instance, ou le suppose, n'avaient invoqué que des exceptions communes. Nous admettons du reste facilement qu'il y a eu mandat d'un débiteur aux autres, quand le but du créancier est d'éviter une perte; partant de là, les débiteurs non actionnés d'abord pourront toujours être intimés utilement plus tard par le créancier, ou mis en cause par leur codébiteur.

Quid de l'appel vidé sans mettre en cause les codébiteurs? S'il est rejeté, ils sont libérés, la chose jugée contre un débiteur solidaire profitant d'habitude aux autres; mais s'il est accueilli, ce n'est pas dire que le jugement réformé vis-à-vis du débiteur intimé le soit implicitement vis-à-vis des autres; ceux-ci n'ont pu être privés du bénéfice du jugement par leur codébiteur, n'ayant pas mandat d'eux à cet effet; ils ne perdent le bénéfice du jugement que si l'appel est dirigé contre eux tous. Cet appel ne peut être dit tardif, celui signifié au codébiteur auparavant montrant que le créancier ne voulait pas acquiescer; mais la question de bien ou mal jugé doit être examinée derechef avec ceux qui n'étaient pas parties dans le jugement ou arrêt de réformation. Enfin ces débiteurs, plus heureux que le premier, et obtenant confirmation du premier jugement, souffriront-ils le recours du codébiteur condamné pour leur part virile dans la dette? On sait que la caution perd son recours si, actionnée seule, elle se laisse condamner par jugement passé en force de chose jugée sans avertir le débiteur principal, qui eût pu repousser le créancier, et l'on en a conclu que le débiteur solidaire, dans le même cas, ne peut recourir contre ses codébiteurs. La position change ici: le débiteur solidaire pourrait dire que, ses codébiteurs avertis en première instance des poursuites dont il était l'objet, il n'avait pas à les avertir derechef en appel. Cette excuse nous paraît mauvaise; l'appel relevé dans ce cas par le créancier doit être regardé comme une nouvelle attaque que les codébiteurs ne peuvent deviner, et ils ne doivent défendre de nouveau leur codébiteur que si la seconde attaque leur est dénoncée.

Si le jugement a été favorable au créancier, que décider s'il n'est signifié ou exécuté que contre un des débiteurs qui y ont figuré? Il faut distinguer entre les jugements par défaut et les jugements contradictoires; dans le premier cas, si c'est un défaut faute de comparaître, ce jugement exécuté vis-à-vis d'un débiteur empêche-t-il la péremption de six mois vis-à-vis des autres? La Cour de cassation tient pour l'affirmative. M. Rodière, dont nous adoptons l'opinion, est du même avis; car l'art. 1206 justifie cette doctrine : si les poursuites contre un débiteur solidaire interrompent la prescription vis-à-vis des autres, d'après cet article, c'est que le débiteur poursuivi est censé avoir appris les poursuites aux autres. Eh bien, ne faut-il pas admettre la même présomption, *à fortiori*, s'il s'agit de l'exécution rigoureuse exigée par la loi pour mettre un jugement par défaut à l'abri de la péremption? et n'importe-t-il même pas aux débiteurs eux-mêmes que le créancier, pour conserver l'utilité de son jugement, ne soit pas obligé de l'exécuter contre tous, ce qui causerait de grands frais?

Mais, le jugement échappant à la péremption, conclura-t-on qu'il est à l'abri de l'opposition de la part des débiteurs vis-à-vis desquels il n'a pas été exécuté? Repoussons cette conséquence; n'accordons pas au débiteur solidaire le droit de priver ses codébiteurs d'un recours que la loi leur ouvrait. Nous supposons bien un mandat donné par un débiteur à l'autre, s'il s'agit pour le créancier d'éviter une déchéance, mais nous ne l'admettons pas quand il s'agit pour le créancier de conquérir un avantage.

Le débiteur contre qui le jugement a été exécuté a-t-il toujours un recours contre ses codébiteurs pour leur part virile dans la dette? Oui, d'habitude; car nous supposons tous les débiteurs actionnés ensemble; chacun a connu les poursuites contre les autres et a pu les défendre; s'il ne l'a fait, il a failli à une obligation qu'il contractait en s'engageant solidairement avec ses codébiteurs.

Ce débiteur n'est pourtant en faute que s'il avait été actionné régulièrement; car si la citation originaire était nulle à son égard, il échapperait à tout recours; son codébiteur serait en faute de ne l'avoir pas averti pour s'assurer qu'il était prévenu et le mettre nécessairement en demeure.

Si l'on suppose le jugement qui condamne tous les codébiteurs contradictoire, sa signification à un seul d'entre eux fait-elle courir le délai d'appel contre tous? Non; la loi, dans plusieurs endroits, veut bien qu'un débiteur solidaire avantage les autres, mais nulle part elle ne souffre qu'il les prive d'un droit; le jugement signifié à un débiteur ne fait donc pas courir le délai d'appel vis-à-vis des autres.

L'appel interjeté par un débiteur profite-t-il à ses codébiteurs? Oui, si alors les autres pouvaient appeler : cet appel remet tout en question ; rien ne passe en force de chose jugée ; mais il en serait autrement si les délais étaient déjà écoulés vis-à-vis d'un débiteur quand un autre a appelé.

Mais le débiteur qui n'appelle pas dans les délais aura-t-il un recours contre les autres? Distinguons : les autres produisent-ils en appel de nouvelles défenses, nous l'accorderons ; ils eussent dû indiquer ces moyens au codébiteur ; mais sont-ce des défenses déjà produites qu'ils opposent, le débiteur qui a laissé passer les délais d'appel sans sommer les autres de s'unir à lui pour appeler est fautif seul ; il sera puni en payant toute la dette sans aucun recours.

Le débiteur qui a laissé passer les délais à partir de la signification à lui faite pourrait-il appeler au nom de ses codébiteurs encore dans le délai? Non ; car si nous lui refusons le droit de se prévaloir de l'appel interjeté en pareil cas par les autres, *à fortiori* ne peut-il appeler au nom de ceux-ci. En effet, les débiteurs peuvent de bon gré améliorer la position d'un codébiteur, mais l'on ne peut les y forcer ; seulement les débiteurs non appelants n'éviteraient pas le recours de leur codébiteur pour leur part virile, puisqu'en n'appelant pas, ils tiennent pour bon le jugement qui les a condamnés.

Sur les recours extraordinaires s'élèvent les mêmes questions ; on les résout de même. L'arrêt signifié à un seul débiteur solidaire ne fait pas courir le délai du recours en cassation contre les autres ; ceux-ci, après les trois mois qui suivent cette signification, peuvent encore se pourvoir, et, s'ils font casser l'arrêt, ils ne seront soumis au recours de celui qui a acquiescé tacitement que si ce dernier ignorait les moyens du pourvoi et s'il a, dans les trois mois de la signification, mis les autres en demeure de le défendre.

SECTION VII.
EFFETS DE LA SOLIDARITÉ DANS LES RAPPORTS RESPECTIFS DES DÉBITEURS.

Pour comprendre les effets produits par la solidarité entre les débiteurs, il faut examiner séparément : 1° le cas où le créancier n'a pas fait de poursuites ; 2° celui où des poursuites ont eu lieu ; 3° enfin le cas où un débiteur a payé tout ou partie de la dette.

Le principe général dominant cette matière est que chaque débiteur solidaire n'est censé obligé principalement que pour sa part virile, et ne devoir le surplus que comme caution de ses coobligés. Mais cette présomption tombe devant la preuve contraire : ainsi le titre même ou des titres postérieurs peuvent démontrer que la dette n'a été contractée que dans l'intérêt d'un seul, et que les autres sont ses cautions; il peut être prouvé que les débiteurs ont profité originairement de l'obligation pour des parts inégales.

Mais comment faire cette preuve? Résultera-t-elle d'une preuve testimoniale? La négative semble certaine; la présomption que les débiteurs ont profité également de la dette n'est sans doute qu'une présomption *juris*, et non *juris et de jure*; mais, venant naturellement de l'acte, l'on ne peut la combattre par simple preuve testimoniale, sans violer l'art. 1341 C. N., qui défend la preuve par témoins contre et outre le contenu aux actes.

Quel effet produira entre débiteurs la solidarité avant même toutes poursuites? Les débiteurs solidaires peuvent-ils invoquer l'art. 2032, qui autorise dans plusieurs cas le recours de la caution contre le débiteur principal avant qu'on la poursuive? Ainsi le débiteur en mesure de payer sa part peut-il, si la dette est exigible, actionner ses codébiteurs pour qu'ils payent la leur? Les débiteurs solidaires n'étant réellement que caution les uns des autres pour l'excédant de la part de dette dont chacun a profité, nous ne voyons rien qui leur refuse le droit donné par l'art. 2032 à la caution : pourquoi celui qui peut payer sa part serait-il tenu indéfiniment dans les liens de la solidarité par la faute de ses codébiteurs, qui devraient, comme lui, pouvoir payer la leur?

Mais le droit de recourir contre les autres est encore plus manifeste quand un débiteur est déjà poursuivi; bien plus, si le créancier n'agit pas en vertu d'un titre paré, le débiteur actionné peut lui opposer l'exception dilatoire de garantie, comme l'enseignait Pothier; toutefois il voyait là une dérogation au principe rigoureux de la solidarité, suivant lequel chaque débiteur doit toute la dette; mais c'était peut-être un défaut d'analyse de sa part; car chaque débiteur doit toute la dette, mais pas toute au même titre : une part comme débiteur principal, le reste comme caution. Le créancier doit donc s'attendre à ce que le débiteur use, pour cette dernière part, de l'exception de garantie; au surplus, la doctrine de Pothier ne peut plus faire de difficultés en présence de l'art. 175 C. pr.

Si le débiteur actionné n'appelle pas ses codébiteurs en cause dans les délais fixés par le Code de procédure, il ne peut plus opposer l'exception dilatoire au créancier, mais il peut encore recourir tant qu'il n'a pas été condamné par jugement passé en force de chose jugée; que s'il s'est laissé condamner par un tel jugement sans avertir les autres, il est déchu, si ceux-ci avaient pu repousser la demande.

Enfin, *quid* si le débiteur paye tout ou partie de la dette? S'il a tout payé, il recourt contre les autres pour l'excédant de sa part; mais, s'il a plusieurs coobligés, demandera-t-il, comme subrogé aux droits du créancier, tout l'excédant à celui qu'il voudra? L'art. 1214, § 1, décide que non : « Le codébiteur d'une dette solidaire, dit-il, qui a tout payé ne répétera contre les autres que la part de chacun d'eux. » D'après cet article, le débiteur qui paye se ferait en vain subroger aux droits du créancier; il n'aurait pas ainsi un recours solidaire prohibé expressément par la loi. L'art. 875 C. N. fournit un argument *à fortiori*; le cohéritier, en effet, qui, par suite de l'hypothèque, a payé plus que sa part de la dette commune, n'a de recours contre les autres que pour la part personnelle de chacun d'eux, même en cas de subrogation de cet héritier aux droits du créancier payé. Pourtant le cohéritier qui paye la dette hypothécaire n'a pas accepté le mandat de payer pour ses cohéritiers, tandis que le débiteur solidaire qui paye le tout ne fait qu'exécuter les mandats divers reçus de ses codébiteurs, et il ne peut empêcher que le payement qu'il fait ne soit l'exécution de ces divers mandats.

Sur qui retombe l'insolvabilité postérieure d'un débiteur, quand un autre a payé le créancier? L'art. 1214, § 2, répartit contributoirement la perte entre tous les codébiteurs solvables et celui qui a payé. Mais de quelle insolvabilité répondent les codébiteurs? Est-ce de celle antérieure au payement seulement, ou bien même de celle qui lui est postérieure? De la première seulement. Les débiteurs solidaires forment une espèce de société qui dure jusqu'au payement de la dette, et il est juste que les pertes arrivées pendant cette société atteignent tous les associés. Mais, le créancier payé, la société des débiteurs est terminée, il n'y a plus que des débiteurs isolés ; celui qui paye doit donc vite recourir contre les autres, et, s'il ne le fait, il supportera seul les fâcheuses conséquences de cette négligence ; seulement l'équité veut que si, lors du payement, la solvabilité d'un des débiteurs est déjà douteuse, tous les autres contribuent aux frais que nécessite la discussion de ses biens. Mais si, après le payement, les codébiteurs de celui qui a payé ne répondent pas des insolvabilités postérieures, leur responsabilité ne cesse pas par l'effet de la confusion : car la confusion, n'éteignant la créance solidaire que pour la part du débiteur dans la personne duquel elle s'opère, ne brise pas la société résultat de la solidarité, et les insolvabilités postérieures à la confusion restent toujours aux risques de tous les associés.

La remise de la solidarité faite à un débiteur ne peut empirer le sort des autres. Aussi l'art. 1215 porte : « Dans le cas où le créancier renonce à l'action solidaire envers un débiteur, si l'un ou plusieurs des autres deviennent insolvables, leur part sera contributoirement répartie entre tous les débiteurs, même entre ceux précédemment déchargés de la solidarité par le créancier. »

Si le créancier, au lieu de décharger un des débiteurs de la solidarité, lui avait remis sa part dans la dette, il semblerait l'avoir complétement libéré, et par conséquent la répartition de l'insolvabilité d'un des coobligés n'atteindrait pas celui qui serait libéré ; le créancier supporterait encore cette part proportionnelle.

Mais le débiteur qui ne paye qu'une partie de la dette, qu'une somme égale ou inférieure à sa part, n'a contre ses coobligés que le recours résultant de l'art. 2032, dont nous pensons que les débiteurs solidaires peuvent se prévaloir. S'il paye plus que sa part, il répétera l'excédant ; mais si cet excédant ne dépasse pas la part d'un autre coobligé, peut-il le répéter en entier contre celui-ci ? Nullement ; tout ce qu'un débiteur paye au delà de sa part, il le paye comme mandataire des autres, et toute disparité qu'il voudrait établir entre ses codébiteurs serait une violation du contrat primitif. C'est ainsi qu'en cas de société ordinaire, l'associé qui paye une somme à la décharge de la société doit recourir non pas contre un associé seul, mais contre la société tout entière (1852 C. N.).

SECTION VIII.

EXTINCTION DE LA SOLIDARITÉ.

La solidarité peut s'éteindre par la renonciation expresse ou tacite du créancier. Voyons d'abord la renonciation expresse. La solidarité s'éteint entièrement quand le créancier en affranchit expressément tous les débiteurs; chacun d'eux ne doit plus que sa part dans la dette, et si l'un d'eux devient insolvable, la perte sera évidemment pour le créancier.

Le créancier ne consent nommément à diviser la dette qu'à l'égard d'un débiteur; est-il censé renoncer à la solidarité vis-à-vis des autres? L'art. 1210 C. N. enseigne la négative : Le créancier, dit-il, qui consent à diviser la dette à l'égard d'un débiteur garde son action solidaire contre les autres, sous la déduction de la part du déchargé.

La fin de l'article, disant : le créancier ne conserve son recours contre les codébiteurs que déduction faite de la part de celui qu'il a déchargé, s'applique-t-elle quand le créancier a reçu la part du débiteur exonéré? Oui, mais aussi quand il n'a encore rien touché. MM. Delvincourt, t. 2, p. 510; Duranton, t. 11, nos 221 et 232; Zachariæ, t. 2, p. 271, n'appliquent l'article qu'au premier cas; mais c'est contraire aux termes généraux de l'article; il est même manifeste que la loi a dû avoir plus en vue le cas où le débiteur exempté n'a pas encore payé, car il était superflu de dire : le créancier ne peut se prévaloir de la solidarité que pour ce qui lui restait dû. Les travaux préparatoires du Code, selon M. Marcadé, rendent d'ailleurs certain le sens que nous donnons à l'art. 1210 C. N.

Mais le créancier remettant la solidarité à un débiteur qui ne paye pas encore sa part conserve-t-il valablement la solidarité contre les autres pour cette portion? Oui. A l'origine de la dette, les parties eussent pu convenir que la part virile d'un débiteur serait cautionnée par les autres, bien que lui ne cautionnât pas celle des autres. Il est vrai, quand on stipule la solidarité, que chacun n'a voulu cautionner la part du codébiteur que parce que celui-ci cautionnait la sienne;

mais l'on ne voit pas que le cautionnement remis à l'un aggrave la position des autres, puisque avant comme après le créancier pouvait actionner les autres pour le tout; pourquoi les coobligés se plain- draient-ils donc de cette réserve ?

La renonciation à la solidarité peut être implicite, mais les actes d'où elle résulte ne doivent pas laisser douter de l'intention du créan- cier, nul n'étant présumé renoncer facilement à son droit. L'art. 1211 en offre trois exemples remarquables : le créancier qui reçoit divisé- ment la part d'un obligé, sans réserver dans la quittance la solidarité ou ses droits en général, ne renonce à la solidarité que vis-à-vis de cet obligé; les autres restent toujours tenus solidairement, déduction faite de la part du débiteur affranchi; le créancier n'est pas censé remettre la solidarité au débiteur, s'il reçoit de lui une somme égale à sa part : si la quittance ne dit pas que c'est pour ce qu'il doit, l'on peut supposer que le créancier n'a reçu qu'un à-compte; on l'admet en cas de doute. Le créancier même qui donnerait quittance au dé- biteur pour sa part ne remet pas la solidarité, s'il la réserve ou ses droits en général, détruisant par là la présomption résultant des autres termes de la quittance (Pothier, n° 277).

Il en est ainsi encore, dit l'art. 1211, d'une simple demande contre un débiteur pour sa part, si celui-ci n'y a pas acquiescé, ou s'il n'est pas intervenu un jugement de condamnation; car il est de principe que les offres n'ont d'effet que si elles sont acceptées; jusque-là leur au- teur peut les rétracter. La loi assimile à l'acquiescement le jugement condamnant le débiteur pour sa part seulement ; mais, pour produire cet effet, faut-il que le jugement de condamnation ait acquis force de chose jugée? La loi ne l'exige pas ; le créancier ne pourrait donc rétracter sa concession parce que le débiteur serait dans les délais d'opposition ou d'appel. Ces délais sont en faveur du condamné; mais si le débiteur use de ces voies, remettant tout en question, il est juste de permettre au créancier de se dédire.

Les renonciations du créancier s'interprétant toujours dans le sens qui peut le moins lui nuire, il ne faut pas induire de la remise de la solidarité pour les intérêts échus celle pour ceux à échoir et pour le capital. L'art. 1212, consacrant cette règle, y fait pourtant une exception: Le créancier, dit-il, qui reçoit divisément et sans réserve la portion d'un codébiteur dans les arrérages ou intérêts de la dette, ne perd la solidarité que pour les intérêts et arrérages échus, non pour ceux à échoir, ni pour le capital, à moins que le payement divisé n'ait été confirmé pendant 10 ans consécutifs. Et même pour les intérêts échus, le débiteur qui paye n'est délivré de la solidarité qu'autant qu'il a payé pour sa part; sinon la somme versée, bien qu'égalant sa part, n'est censée reçue par le créancier que comme à-compte sur la somme totale des intérêts échus. (Pothier, n° 270 ; Marcadé sur l'article 1212.) Cette renonciation implicite n'a d'effet que vis-à-vis de celui qui a payé divisément; le créancier, comme en cas de renonciation expresse, conserve son action solidaire contre les autres, sous la déduction de la part du débiteur implicitement déchargé.

SECTION IX.

CAUTIONS SOLIDAIRES.

L'affaire qui a donné lieu à la solidarité intéresse-t-elle tous les obligés, il y a solidarité proprement dite ; mais si elle ne concerne que quelques-uns, les autres sont cautions solidaires. La position de ces derniers diffère de celle des débiteurs solidaires dans les rapports respectifs des obligés entre eux, car la dette ne se divise pas entre tous et reste toute à la charge des principaux débiteurs (art. 1216 C. N.). Si l'affaire pour laquelle la dette a été contractée solidairement n'a trait qu'à l'un des obligés solidaires, celui-ci doit le tout vis-à-vis des autres, qui ne seraient considérés par rapport à lui que comme cautions.

L'affaire en concerne-t-elle deux, et le troisième n'est-il que caution solidaire, chaque obligé principal doit le tout vis-à-vis de la caution. Art. 2030 : S'il y a plusieurs débiteurs principaux solidaires d'une même dette, leur caution commune a contre chacun recours pour répéter tout ce qu'elle a payé. A l'inverse, n'y a-t-il qu'un débiteur principal, mais plusieurs cautions solidaires ; la caution qui paye peut bien répéter le tout du débiteur principal, mais elle ne recourra contre les autres cofidéjusseurs que pour leur part et portion. L'art. 2033 porte : Si plusieurs personnes ont cautionné un même débiteur pour une même dette, la caution qui paye a recours contre les autres pour leur part et portion. Ce texte s'applique aux cautions solidaires, il ne distingue pas. Les cautions solidaires peuvent agir contre le débiteur principal pour indemnités dans tous les cas de l'art. 2032; mais, vis-à-vis du créancier, les cautions solidaires ont-elles même position que les débiteurs solidaires? Les art. 1216 et 2021 font croire que oui; d'après l'art. 1216, ce n'est que par rapport au débiteur principal que les autres sont cautions, et les mots *par rapport à lui*, qui n'y étaient pas, furent mis pour lever tout doute et montrer que, pour le créancier, tous les obligés sont débiteurs principaux et engagés comme tels. L'art. 2021 ajoute que si une caution s'oblige solidairement, l'effet de son engagement se règle par les principes établis pour les dettes solidaires.

Des textes mettent pourtant, même vis-à-vis du créancier, les cautions solidaires dans une autre position que les débiteurs solidaires proprement dits.

La caution solidaire peut opposer des exceptions inutiles au codébiteur solidaire; d'après l'art. 1294, § 1, elle peut opposer en compensation tout ce que doit le créancier au débiteur principal, tandis qu'un débiteur solidaire ne peut compenser ce qui est dû à son codébiteur pour ce qui excède la portion virile de ce dernier.

La caution solidaire peut opposer compensation de ce que doit le créancier au débiteur principal, le créancier ignorât-il qu'elle fût simplement caution solidaire. Le débiteur solidaire ne peut agir ainsi du chef de son coobligé, parce que ce dernier n'est pas forcé d'avantager le premier à son insu et contre son gré; le débiteur principal, au contraire, ne pouvant, du moins en principe, se dispenser de libérer la caution, est obligé, par suite, de lui communiquer son moyen de compensation.

Si dans l'acte qui lie un coobligé solidaire au créancier il a été exprimé que cet obligé n'était que caution, nous ne pensons pas qu'il pût être engagé *in duriorem causam*, et qu'il faut appliquer dans ce cas l'art. 2013 C. N.

Les cautions qui s'obligent solidairement entre elles ou avec le débiteur principal peuvent-elles opposer au créancier le bénéfice de division? M. Troplong, n° 301, admet la négative avec M. Rodière. Nous adoptons son avis; on ne peut regarder comme une vaine redondance la solidarité exprimée dans l'acte, et si l'on veut qu'elle ait un sens, il faut y attacher celui d'une renonciation au bénéfice de division. En combinant les textes, on obtient ce résultat; car, d'une part, les

débiteurs solidaires, d'après l'art. 1213, ne peuvent opposer ce bénéfice; d'autre part, l'art. 2013 dit: Quand une caution s'oblige solidairement avec le débiteur, l'effet de son engagement se règle par les
principes des dettes solidaires. Cette assimilation n'est pas toujours
juste; mais ici il n'y a pas lieu de s'en écarter; si la solidarité n'est stipulée qu'entre les cautions, comme elle ne fait pas renoncer par elle-
même au bénéfice de discussion, on ne peut lui donner d'autre sens
que la renonciation au bénéfice de division, toute clause devant être
entendue dans le sens où elle produisait un effet. (1157 C. N.)

La chose jugée avec la caution sur le fait de la dette ne peut être
invoquée par le débiteur principal, pas plus qu'elle ne peut lui être
opposée. M. Troplong, *du cautionnement*, n°s 449 et suiv., dit : Le débiteur principal peut invoquer la chose jugée avec la caution. Il
s'appuie sur une analogie tirée de l'art. 1365, qui permet au débiteur principal d'opposer le serment déféré à la caution sur la dette.

Nous préférons l'autre avis ; cette analogie nous paraît peu con-
cluante. En effet, qu'est le serment décisoire? C'est la promesse de la
partie qui le défère de tenir pour vrai ce qu'affirmera l'autre partie;
l'on ne peut donc scinder l'effet du serment. Mais un plaideur ne
s'engage pas à tenir pour vrai ce que décidera la justice; dans le cas
même où les parties renoncent d'avance à l'appel, elles ne veulent
pas dire par là que la sentence est infaillible; ce qu'elles désirent,
c'est seulement une justice plus prompte. Pourquoi donc la chose
jugée pour la caution profiterait-elle au débiteur principal, dont
la caution n'est pas obligée de défendre les intérêts? Les jugements
ne sont pas infaillibles; nous préférons voir les juges examiner derechef quand la loi le permet; or nulle part elle ne dit que la caution
a qualité pour représenter le débiteur principal.

La question est plus difficile quand il s'agit de caution solidaire, à
cause de l'art. 2021, qui paraît assimiler les débiteurs et les cautions
solidaires; mais cette assimilation, l'article ne la fait que dans l'intérêt du créancier, on ne peut la retourner contre lui sans violer la
loi; le débiteur principal ne peut donc pas plus invoquer la chose
jugée avec la caution solidaire qu'avec la simple caution.

La remise faite à la caution solidaire ne profitera pas non plus au
débiteur principal, bien que l'art. 1287 ne parle que de la caution

B

in genere, quand il dit que la remise faite à la caution ne libère pas le principal obligé ; mais nous ne voyons rien qui nous porte à distinguer la caution solidaire de la simple caution.

TITRE III.

DROIT COMMERCIAL.

Solidarité en matière commerciale.

La première espèce de solidarité que nous trouvons dans le Code de commerce est celle qui existe entre associés ; mais les principes qui la régissent diffèrent suivant qu'il s'agit de société en nom collectif, en commandite ou en participation.

Le principe de la solidarité commerciale est aussi ancien que cette branche du droit dans l'Europe moderne ; les anciens docteurs y arrivèrent par une voie assez étrange. A Rome, l'esclave conducteur de navire obligeait son maître, *exercitor*, *in solidum* ; de là, le préteur créa l'action *exercitoria*. Ce principe se généralisa, et tout esclave chargé d'un commerce, *institor*, obligea son maître *in solidum* ; le préteur donna l'action *institoria* : ces actions se donnèrent contre la personne qui préposa l'esclave d'autrui ou un homme libre. Les interprètes du moyen âge, étendant le principe, dirent que les associés se livrant ensemble et d'une manière suivie au même commerce devaient être regardés comme *institores* les uns des autres, et que les engagements de l'un lieraient les autres *in solidum*. (*V.* Barthole sur l'authentique *hoc ita de duobus reis*.) Toutes les nations commerçantes acceptèrent cette idée, et l'ordonnance de 1673, art. 7, tit. 13, la formula ainsi : Tous associés seront obligés solidaires aux dettes de la société, encore qu'un seul ait signé, s'il l'a fait pour la compagnie. L'article suivant exceptait de la solidarité les associés en commandite et ne les obligeait qu'à payer leur mise.

Le Code de commerce admit les mêmes principes; l'art. 22 porte : Les associés en nom collectif indiqués dans l'acte de société sont solidaires pour tous les engagements de la société, encore qu'un seul ait signé, si c'est de la raison sociale.

Pour connaître la portée de ce texte, distinguons les sociétés dûment publiées de celles qui ne le sont pas; voyons les premières et distinguons les obligations constatées par un titre écrit de celles non réglées de cette manière.

Toute opération faite par un associé oblige-t-elle les autres? Il faut distinguer : la publication de l'acte de société devant, d'après l'art. 43 C. de C., indiquer les gérants, ceux-là seuls peuvent obliger solidairement les autres; s'il n'y a pas de gérants, tous sont censés l'être, et peuvent par suite lier les autres (1859 C. C.). Maintenant un gérant s'est engagé, il lie les autres; c'est un autre associé, les autres ne sont pas obligés, sauf ratification, à moins que celui-ci n'ait abusé de la raison sociale au su de tous; alors tous seraient censés avoir dérogé au pacte social. Encore bien que ce soit un engagement souscrit par un gérant, les autres ne seraient pas liés solidairement, si le gérant a signé de sa propre signature et non de la raison sociale. S'il signe de la raison sociale, les titres souscrits par lui obligent tous les autres, lors même qu'il les a souscrits en place d'obligations à lui personnelles, ainsi que l'a jugé plusieurs fois la Cour de cassation. Mais si le porteur du nouveau titre était de mauvaise foi, sachant que son débiteur direct n'a voulu que nuire à ses associés, il ne pourrait se prévaloir de sa fraude, il serait même passible de dommages-intérêts.

Lorsque la société n'a pas été régulièrement publiée, chaque associé vis-à-vis des tiers est réputé capable de gérer les affaires de la société et signer de la raison sociale; tous les engagements de l'un peuvent donc être exécutés solidairement contre les autres, malgré les clauses contraires du pacte social, qui n'a pas d'effet contre les tiers s'il n'a pas été publié.

La solidarité entre associés est de l'essence de la société en nom collectif; vainement les associés y dérogeraient-ils dans l'acte social, cette clause serait nulle ; mais on peut déroger à la solidarité dans un engagement particulier.

L'ordonnance de 1673 exceptait les commanditaires de la solidarité ; le Code actuel, art. 26, ne les rend responsables des pertes que jusqu'à concurrence des fonds mis en société ; mais cette responsabilité du commanditaire augmente s'il s'immisce dans la gestion. L'art. 27 dit : Il ne peut faire aucun acte de gestion ni être employé pour les affaires de la société, même en vertu de procuration. L'art. 28 ajoute : En cas de contravention à la prohibition de l'art. 27, le commanditaire est obligé solidairement avec les associés en nom collectif pour toutes les dettes et engagements de la société ; autrement les tiers seraient trompés ; dès lors il est obligé solidairement nonseulement pour les actes auxquels il a pris part, mais pour ceux émanés des autres. Les codes de commerce espagnol et hollandais consacraient le même principe. Le commanditaire dont le nom est dans la raison sociale doit aussi être tenu solidairement à l'égard des tiers.

Les règles ordinaires de la solidarité, applicables aux matières commerciales, reçoivent pourtant, en matière de sociétés, deux exceptions, l'une résultant des art. 61 et 69 C. procéd., l'autre de l'art. 64 C. com. Généralement le créancier peut exiger son payement du débiteur solidaire qu'il choisit, celui-ci ne fût-il que caution solidaire, sans être obligé d'avertir les autres débiteurs; il en est autrement en matière de société commerciale : les art. 61 et 69 C. procéd. portent que le payement des dettes sociales doit, tant que dure la société, être demandé à la société avant de l'être aux associés individuellement, et ce n'est qu'après s'être adressé en vain à la caisse sociale que le créancier peut s'adresser à chaque associé. Mais, pour que le créancier exerce son recours individuel, suffit-il que le refus de payer au siége social soit constaté par un protêt, ou bien faut-il que le créancier ait obtenu un jugement de condamnation ? Nous croyons qu'il faut un jugement, d'après les art. 61 et 69.

La deuxième exception résulte de l'art. 64 C. com. En principe, on le sait, les actes interrompant la prescription vis-à-vis d'un débiteur solidaire l'interrompent contre tous; et ce principe s'applique aux associés commerciaux pendant la durée de la société, mais il reçoit une exception quand elle est dissoute. L'art. 64 C. com. porte : Toutes actions contre les associés non liquidateurs et leurs veuves, héritiers ou ayants cause, sont prescrites après la fin de la société, si l'acte de société qui en énonce la durée ou l'acte de dissolution a été affiché et enregistré conformément aux art. 42, 43, 44 et 46, et si, depuis cette formalité remplie, la prescription n'a été interrompue contre eux par aucune poursuite judiciaire. Il suit bien de là que la prescription interrompue vis-à-vis des associés non liquidateurs ne peut résulter que de poursuites directes contre eux; mais, à l'inverse, les poursuites contre les non-liquidateurs interrompent-elles la prescription contre ceux chargés de ce soin? Oui, car l'art. 64 ne déroge que pour les premiers aux règles ordinaires.

Le Code de commerce reconnaît encore les associations en participation relatives à plusieurs opérations commerciales. D'après l'article 48, ces associés en participation sont-ils tenus solidairement de tous les engagements résultant des opérations de l'association? Il faut distinguer, avec M. Molinier, l'association collective en participation du simple compte en participation. Les premières diffèrent si peu d'une société en nom collectif, que les tiers peuvent s'y méprendre, et, comme ils ne doivent pas être trompés, nous leur donnerons contre les divers associés une action solidaire, parce que traitant avec l'un ils ont cru traiter avec tous. L'association en participation peut n'avoir pas d'existence extérieure; c'est le simple compte en participation. Y a-t-il solidarité entre les associés comme dans le premier cas? L'affirmative est incontestable quand tous les associés ont contracté et signé l'engagement ; il en serait de même si tous les associés avaient contracté ensemble, quoique l'engagement donné en payement ne fût signé que d'un seul. Mais nous repoussons la solidarité quand un associé a seul contracté et signé ; le tiers n'a dû compter que sur la solvabilité de celui avec lequel il traite.

Solidarité des commissionnaires.

En droit civil, il n'y a solidarité entre mandataires établis par le même acte que si elle est stipulée (1995); en matière commerciale, on présume la solidarité; mais la loi ne la prononçant pas, son existence est contestée. Cependant MM. Delamarre et Lepoitevin la professent hautement; ils considèrent l'art. 1202 comme inapplicable ici; car l'intérêt du créancier à ce que l'obligation ne soit pas divisée est plus grand qu'en matière civile. La marchandise est souvent vendue avant d'être achetée; si le payement n'était pas exact et entier, l'époque de la livraison étant manquée, et le deuxième marché, par suite, annulé, de graves préjudices pourraient en surgir pour le commerçant; sauf stipulation contraire, il y a donc solidarité entre commissionnaires pour la créance et la dette. Ne confondons pas cependant avec la solidarité des commissionnaires contractant ensemble, l'obligation *in solidum* qui a lieu, d'après l'art. 99 C. com., avec le commissionnaire primitif et le commissionnaire intermédiaire, ou, dans le cas de perte, d'avaries, avec le voiturier et le commissionnaire. Il importe de distinguer pour la prescription de 6 mois établie par l'art. 108 C. com. en faveur du commissionnaire et du voiturier : quand il s'agit de deux commissionnaires contractant ensemble, ils sont censés mandataires réciproques pour se représenter vis-à-vis du créancier; il suit de là que la prescription interrompue contre l'un l'est contre l'autre. S'il s'agit du commissionnaire et du voiturier, c'est différent, ils ne se représentent pas; donc la prescription interrompue contre l'un ne l'est pas contre l'autre.

Mais le commissionnaire actionné dans les 6 mois n'a-t-il que la fin de ce laps de temps pour exercer son recours? La Cour de cassation l'a ainsi jugé (6 décembre 1830). Nous préférons un arrêt antérieur du 5 mai 1829, qui décide le contraire : en effet le commissionnaire doit croire la mission remplie par le sous-commissionnaire tant que les poursuites du destinataire ou de l'expéditeur ne lui apprennent le contraire; il doit donc avoir 6 mois à partir des poursuites pour utiliser sa garantie.

Solidarité des covendeurs et co-acheteurs.

Y a-t-il solidarité de plein droit entre négociants achetant ou vendant simultanément des marchandises? Oui; dans l'ancien droit, plusieurs arrêts furent rendus dans des espèces où les obligations avaient pour cause des achats faits en commun. Cela se conçoit d'autant mieux, que ce qui engage à contracter un engagement commercial, c'est la confiance dans un obligé; il est simple alors que et obligé le soit pour le tout.

Solidarité en matière de lettres de change , billets à ordre et
simples billets.

Un arrêt du 18 mars 1706 établit le premier cette solidarité (Prévôt
de la Jannès, 311). Les art. 140 et 142, § 2, C. com., reproduisent
les mêmes principes : Tous ceux qui ont signé, accepté ou endossé
une lettre de change, sont tenus à la garantie solidaire envers les
porteurs, dit le premier; puis le second ajoute : Le donneur d'aval est
tenu solidairement et par les mêmes voies que les tireurs et endosseurs, sauf conventions différentes des parties; enfin l'art. 187 étend
ces dispositions aux billets à ordre. C'est une solidarité parfaite que
prononcent ces articles; bien que la présomption de mandat n'ait pas
pour tous la même force, la loi les met sur la même ligne.

La conservation de la solidarité en cette matière est pourtant sou-
mise à des conditions spéciales; il faut, pour conserver le recours
contre les endosseurs et le tireur qui a fait provision : 1° que le protêt
ait eu lieu à l'échéance ; 2° que le protêt ait été dénoncé et que la
citation en garantie soit donnée à chaque obligé dans les délais fixés
par l'art. 165 et suiv. C. com., ce qui déroge au principe ordinaire de
la solidarité, d'après lequel les poursuites contre un débiteur interrompent la prescription contre tous. Mais, en dehors des cas prévus
par ces articles, la prescription interrompue contre l'un l'est-elle
contre tous? Le protêt est fait à l'échéance, mais dénoncé à un seul,
et la citation en condamnation n'est faite qu'à lui; la prescription
de 5 ans sera-t-elle interrompue contre les autres? La citation en
garantie est signifiée en temps utile au tireur et à tous les endosseurs; les poursuites ultérieures contre un endosseur interrompent-
elles la prescription contre le tireur? Un arrêt de Toulouse du 23
février 1827 décide que le jugement de condamnation obtenu contre
le tireur n'interrompt pas la prescription contre les endosseurs, qui
doivent croire la lettre de change soldée quand le porteur a été cinq
ans sans les poursuivre. Le jugement contre l'endosseur n'interrompra pas non plus la prescription contre le tireur; mais, l'endosseur ayant action de mandat contre le tireur, le créancier pourra,
d'après l'art. 1166, exercer cette action en place de son débiteur.

Solidarité entre assureurs et assurés.

Plusieurs assureurs se réunissant pour assurer des objets de valeur, la solidarité se présume activement et passivement ; il en est ainsi des assurés commerçants ; ils doivent solidairement payer les primes. L'on n'assure que ce qui risque de périr ; il s'ensuit qu'on ne peut assurer ce qui l'est, mais l'on peut faire assurer la solvabilité du premier assureur. Pothier et Valin disent que le deuxième assureur accède à l'obligation du premier et se rend sa caution ; d'où ils lui donnent l'exception de discussion. Y a-t-il véritable cautionnement ? Emerigon observait que c'était un contrat intéressé passé généralement à l'insu du premier assureur, deux circonstances étrangères au cautionnement ; il n'y en avait donc pas ; le contrat était *sui generis*, permettant des poursuites contre le deuxième assureur après simple commandement fait au premier. Cette doctrine est aujourd'hui adoptée. La prescription interrompue vis-à-vis du premier assureur ne l'est donc pas contre l'autre ; il y a deux contrats d'assurance distincts, soumis chacun à la prescription quinquennale à compter de leur date respective (art. 432 C. com.).

Effets de la solidarité en cas de faillite de quelque obligé.

La faillite d'un ou plusieurs obligés solidaires produit des effets particuliers assez remarquables que nous allons indiquer. La faillite d'un débiteur ne prive pas les autres du bénéfice du terme, dit l'article 444 C. com., corrigé le 28 mai 1838. L'exception du § 2 de l'art. 444, relative aux billets à ordre, confirme la règle, et doit être restreinte en ses termes. En cas de faillite du souscripteur d'un billet à ordre, de l'accepteur d'une lettre de change ou du tireur, à défaut d'acceptation, les autres obligés donneront caution pour le payement à l'échéance, s'ils ne préfèrent payer de suite. Peu importe du reste qu'il y ait plusieurs souscripteurs du billet à ordre, ou plusieurs tireurs de la lettre de change non acceptée, et qu'un seul soit tombé en faillite.

Une société commerciale peut faire faillite comme une seule

personne; alors les associés peuvent être traités différemment par les créanciers. En effet, le nouveau Code de commerce, art. 531, dit : Lorsqu'une société de commerce sera faillie, les créanciers pourront ne consentir de concordat qu'en faveur d'un ou plusieurs associés; en ce cas, tout l'actif social demeurera sous le régime de l'union; les biens personnels de ceux auxquels le concordat aura été consenti en seront exclus, et le traité particulier passé avec eux ne pourra contenir l'engagement de payer un dividende que sur des valeurs étrangères à l'actif social; l'associé qui a obtenu un concordat particulier sera déchargé de toute solidarité. L'art. 604 est la seule exception légale. Le failli ne pourra être réhabilité, s'il est l'associé d'une maison de commerce tombée en faillite, qu'en justifiant que toutes les dettes de la société ont été entièrement acquittées en capital, intérêts et frais, lors même qu'un concordat particulier lui aurait été consenti. Cependant des auteurs recommandables restreignent la distraction de la solidarité aux rapports du concordataire avec les créanciers, et n'affranchissent pas cet associé de tout recours de la part de ses associés qui diraient avoir payé au delà de leur part proportionnelle dans la société. Les associés entre eux, dit M. Renouard, sont obligés de parfaire leur mise sociale, puis, si les affaires sont mauvaises, de contribuer en outre aux dettes sociales dans la proportion de leur mise et conformément aux prévisions de l'acte de société. En effet, si le texte paraît général, il est expliqué et restreint par la discussion de la loi du 28 mars 1838, où M. Duséré, répondant à M. Dupin, disait : Dans une société il y a des droits et des devoirs distincts : ceux des associés entre eux, ceux des associés à l'égard des tiers; il y a pour les associés obligation solidaire indéfinie; entre les associés il n'y a obligation de payer les dettes sociales que dans la proportion de leur intérêt dans la société; aussi, lorsque les créanciers auront libéré un des associés, il subsistera le droit pour les autres de poursuivre le premier, s'il n'a pas libéré la société dans une proportion égale à son intérêt dans celle-ci. Si tous les débiteurs solidaires ou plusieurs d'entre eux tombent en faillite, le créancier peut se présenter dans chaque faillite pour y faire vérifier et admettre sa créance pour le tout jusqu'à entier payement. Tel est l'esprit de l'art. 542 C. com.; tel est le sens de l'art. 545, dont il faut rapprocher l'art. 544. Si le créancier porteur d'engagements solidaires entre le failli et d'autres coobligés a reçu avant la faillite un à-compte sur sa créance, il ne figurera dans la masse que sous la déduction de cet à-compte, et conservera, pour ce qui lui restera dû, ses droits contre le coobligé ou la caution ; le co-obligé auteur du payement partiel, ou la caution, sera compris dans la même masse pour tout ce qu'il aura payé à la décharge du failli. Ces deux dispositions sont équitables, et l'on n'a besoin d'ajouter que ceci : le coobligé, après avoir fait un payement partiel, et lorsqu'il veut être compris dans la masse, doit déduire de sa prétention sa part dans la dette, cette part devant rester à sa charge définitive.

Le droit du créancier de figurer et recevoir dans toutes les masses cesse lors du payement intégral; mais alors des deniers peuvent rester sans emploi dans une masse; c'est ce que prévoit l'art. 543. Aucun recours pour raison des dividendes payés n'est ouvert aux faillites des coobligés les unes contre les autres, si ce n'est lorsque la réunion des dividendes donnés par ces faillites excéderait le montant total de la créance en principal et accessoires, auquel cas cet excédant sera dévolu, suivant l'ordre des engagements, à ceux des coobligés qui auraient les autres pour garants; aussi, tandis que les deniers restant libres dans la masse d'une caution seraient répartis entre les autres créanciers de cette masse, ceux restant dans la masse du débiteur principal seront dévolus à la masse à laquelle la garantie était due; et s'il y a concours entre les masses de plusieurs cautions, elles viendront au marc le franc ou par préférence, suivant les circonstances, c'est-à-dire que le droit de préférence établi par l'art. 1252 civ. au profit du créancier qui n'a reçu qu'un payement partiel est étendu par l'art. 543 C. com. à la caution garantie vis-à-vis de la caution garante, celle-ci ne pouvant venir utilement que si la première est désintéressée.

Responsabilité et droits des syndics d'une faillite au point de vue de la solidarité.

Pour bien apprécier les obligations et les droits des syndics au point de vue qui nous occupe, il faut voir leur position vis-à-vis des tiers, puis vis-à-vis des créanciers de la faillite. Vis-à-vis des tiers, les syndics peuvent contracter des obligations étendues, s'ils sont chargés de continuer l'exploitation de l'actif du failli, et l'art. 532 C. comm. permet à la majorité des trois quarts des créanciers en nombre et en somme de conférer aux syndics ce mandat. Les tiers qui ont traité avec les syndics ont-ils alors action solidaire contre eux?

D'abord les tiers ont une action directe contre eux; si les syndics ne veulent pas s'obliger personnellement, ou ne veulent le faire que dans une certaine mesure, ils doivent le dire. Cependant nous pensons qu'ils sont censés n'avoir pas voulu s'obliger personnellement, quand ils ont appris littéralement leurs pouvoirs aux tiers avec qui ils traitent; de plus, ce sera une action solidaire, à moins que des actes n'aient été faits séparément en vertu d'autorisation spéciale.

Les syndics obligés personnellement d'exécuter leurs engagements vis-à-vis des tiers recourront contre l'actif social; mais, en cas d'insuffisance, d'après l'art. 533, ils n'auront d'action que contre les créanciers qui auront autorisé les opérations, et au prorata de leurs créances. Les derniers termes de l'article montrent bien qu'il n'y a pas solidarité entre les créanciers qui ont donné le mandat; cela fut reconnu lors de la discussion de la loi de 1838 à la chambre des députés; la chambre consentit même, sur la demande de M. Stourm, à ce que l'article se terminât par ces mots: sans solidarité entre eux; et c'est par oubli qu'ils n'ont pas été ajoutés. Vis-à-vis des créanciers, les syndics nous paraissent, d'après l'art. 465, solidairement responsables; s'il en est nommé plusieurs, ils ne peuvent agir que collectivement; néanmoins le juge-commissaire peut en autoriser spécialement à faire séparément certains actes d'administration; dans ce cas, les syndics autorisés seront seuls responsables. C'est une dérogation à l'art. 1095 C. N., d'après lequel il n'y a pas solidarité entre mandataires constitués par le même acte, si elle n'est stipulée; aussi les syndics devront solidairement les sommes touchées ou les valeurs reçues par l'un d'eux pour le compte de la faillite, comme aussi tout le préjudice que leur faute ou leur négligence commune a pu causer à cette masse.

Les syndics peuvent avoir à répéter les avances qu'ils ont faites, ou une indemnité, d'après l'art. 462 C. com.; mais n'ont-ils d'action que contre l'actif de la faillite, ou bien ont-ils une action solidaire contre les créanciers? Généralement leur recours n'a lieu que sur l'actif de la faillite, d'après l'art. 527; cependant, avant l'insuffisance de l'actif prouvée, les syndics peuvent avoir fait des avances ou des travaux méritant salaire; on ne peut leur faire perdre leur peine: on leur donnera alors action contre les créanciers; car l'insuffisance de 'actif, qui leur prescrit de demander à clore les opérations, n'est pas toujours assez tôt démontrée.

Mais cette action sera-t-elle solidaire, ou se divisera-t-elle entre les créanciers au prorata de leurs créances? La Cour de Toulouse et la Cour de cassation, sous l'ancien Code, refusaient l'action solidaire contre les créanciers. Il doit en être ainsi aujourd'hui, car c'est le tribunal qui nomme les syndics, et par conséquent il ne peut plus être question de l'art. 2002, et surtout en présence de l'art. 533, qui refuse l'action solidaire aux syndics contre les créanciers qui les ont chargés expressément de continuer l'exploitation. Telle est la différence des principes du C. N. en matière de mandat, et de ceux du C. comm. en matière de faillite. En droit civil, la solidarité des mandataires ne se présume pas; en droit commercial, l'on présume celle des syndics. La solidarité des mandants vis-à-vis des mandataires se présume en droit civil; en droit commercial, celle des créanciers vis-à-vis des syndics ne se présume pas, même au cas de l'art. 533 C. comm., où ces syndics tiennent positivement des créanciers le mandat pour lequel ils exercent leurs recours.

TITRE IV.

DROIT CRIMINEL.

Solidarité en matière de crimes et de délits.

La solidarité entre condamnés pour un même crime ou un même délit semble avoir toujours existé dans la jurisprudence française; l'art. 55 C. pén. la prononce expressément : Tous les condamnés pour un même crime ou un même délit seront tenus solidairement des amendes, des restitutions, des dommages-intérêts et des frais. Mais quelle est cette solidarité prononcée par l'art. 55 C. pén.? est-ce une véritable solidarité, ou une obligation *in solidum?* La solidarité parfaite, basée sur la présomption d'un mandat réciproque donné par les débiteurs, on ne peut l'admettre entre codélinquants qui n'ont pu songer à se donner un pareil mandat.

La doctrine contraire invoque cependant des autorités. Pothier, écho de la doctrine de son temps, voyait entre codélinquants une solidarité semblable à la solidarité contractuelle ou à celle des associés commerciaux. Plusieurs rédacteurs du Code avaient les mêmes idées. L'obligation solidaire, disait Bigot-Préameneu dans son exposé des motifs du titre *des contrats et obligations conventionnelles,* ne doit pas se présumer; il en serait autrement s'il s'agissait d'obligations pour lesquelles la loi prononce la solidarité. Ainsi l'ordonnance de 1673 la prononçait entre associés pour faits de commerce, et les lois criminelles entre les condamnés pour le même délit. Malleville, sur l'art. 1202 C. N., cite comme exemple de solidarité légale celle des associés commerciaux et celle des auteurs ou complices d'un même crime ou délit.

Les auteurs du Code pénal n'ont sans doute pas distingué ce que les auteurs du Code et les anciens auteurs ne distinguaient pas; cependant nous voyons une différence entre les codélinquants et les codébiteurs obligés par contrats. On ne peut supposer entre codélinquants mandat réciproque de réparer le dommage causé; or, si l'on ne peut supposer entre eux mandat réciproque avant le jugement, on ne peut admettre que le jugement en tienne lieu, puisque les jugements ne sont que déclaratifs de droits antérieurs; ils ne peuvent changer le caractère des obligations qu'ils constatent. Mais s'il n'y a mandat, il y a société suffisante pour prononcer la solidarité parfaite; il y a société, car nous croyons, avec MM. Chauveau et Faustin Hélie, que la loi ne prononce la solidarité que parce qu'elle suppose un lien de complicité entre les accusés.

Cependant, en supposant que l'art. 55 prononce une solidarité parfaite, il faut la limiter aux cas prévus par le texte. Ainsi, l'art. 55 parlant des seuls condamnés, avant la condamnation les coupables sont tenus *in solidum,* mais non solidairement; la condamnation d'où l'art. 55 fait dériver la solidarité est une condamnation simultanée, et il faut que les condamnés le soient pour un même crime pour que la solidarité parfaite existe. Il ne suffirait pas qu'ils fussent condamnés pour le même fait, s'il ne constituait pas pour tous une infraction de même nature. Le mineur condamné pour un crime et son père comme responsable ne sont tenus qu'*in solidum*. Cette solidarité prononcée par l'art. 55 existe de plein droit; elle est l'œuvre de la loi, non des juges; elle a lieu sans que l'arrêt le dise.

Solidarité en matière de contraventions.

Les auteurs d'une contravention sont tenus *in solidum* de réparer le dommage; cependant on ne leur appliquera pas l'art. 55 C. pén., déclarant solidaires de droit les condamnés pour crimes et délits. Cette solidarité, en tant qu'elle dépasse les limites de l'obligation *in solidum*, est un accroissement de peine, et les peines ne s'étendent pas par analogie. La solidarité prononcée par l'art. 55 est exorbitante pour l'amende, qui est une peine; or, toute peine doit être personnelle. Le silence du Code pénal relativement aux contraventions est d'autant plus remarquable, que la loi du 19 juillet 1791, art. 42, tit. 2, assimilait les amendes de la police correctionnelle et de la police municipale. Aussi la solidarité des amendes n'existe pas en matière de contraventions.

La solidarité entre condamnés pour même crime ou délit existe de plein droit. Le même règle n'a pas lieu en matière de contraventions; si les dommages-intérêts sont la réparation du préjudice, tous les coupables sont tenus *in solidum*. En supposant que l'art. 55 établisse entre les condamnés pour même crime ou délit une solidarité parfaite, la prescription interrompue contre l'un l'est contre tous; mais nous refusons aux juges le pouvoir d'établir une telle solidarité, résultant de la loi seule ou de la volonté des parties. Sous ce rapport, quand il y a obligation *in solidum*, les juges feraient mieux d'employer ce mot ou de dire les condamnés tenus pour le tout, que de dire solidairement. Aussi, en matière de contraventions, bien que les auteurs soient condamnés solidairement aux dommages-intérêts, la prescription interrompue contre l'un ne l'est pas contre les autres. Quant à la répartition du dommage entre les condamnés, les juges ont un pouvoir discrétionnaire à cet effet.

QUESTIONS.

DROIT ROMAIN.

1. La corréalité pouvait-elle résulter du *mutuum* ?—Non.

2. Le *correus stipulandi* pouvait-il faire novation ? — Oui.

3. Le créancier qui a reçu toute la dette solidaire est-il tenu de partager avec les autres créanciers? — Il faut distinguer.

4. Peut-on faire disparaître l'anomalie qui existe entre la loi 10, liv. 46, tit. 2, et la loi 27, liv. 2, tit. 14 ?—Oui.

5. Les *correi debendi* peuvent-ils user du bénéfice de division ?— Oui.

6. Si l'un des créanciers solidaires hérite de son coeréancier, pourra-t-il agir *ad libitum* contre le débiteur en son nom personnel ou commehéritier de l'autre créancier ? — Oui.

DROIT FRANÇAIS.

1. Le débiteur peut-il opposer au créancier solidaire qui le poursuit la compensation de ce que lui doit l'autre créancier? — Oui.

2. La suspension de la prescription en faveur de l'un des créanciers solidaires profite-t-elle aux autres ?— Non.

3. Le créancier qui nove, exigeant l'adhésion des autres codébiteurs, est-il censé réserver leur adhésion solidaire? — Non.

4. La prescription suspendue à l'égard d'un débiteur solidaire l'est-elle à l'égard des autres ?—Non.

5. Le créancier qui a remis la solidarité à un débiteur solidaire doit-il perdre la part contributoire afférente au débiteur déchargé, par suite de l'insolvabilité d'un autre débiteur solidaire? — Non.

6. Quand le créancier a fait remise d'une hypothèque à un des débiteurs solidaires qui est devenu plus tard insolvable, qui devra supporter cette insolvabilité ?

7. L'obligation légale de fournir des aliments est-elle solidaire ?— Non.

8. Le débiteur solidaire peut-il opposer au créancier la compensation de ce que le créancier doit à un autre débiteur solidaire ? — Non.

9. Y a-t-il une différence entre la solidarité légale et la solidarité conventionnelle? — Non.

DROIT CRIMINEL.

1. L'art. 1202 C. N. s'applique-t-il aux délits, quasi-délits, et n'y a-t-il en ces matières solidarité que si la loi le dit? — Non.

2. Pour que la solidarité de l'amende existe, faut-il que tous les condamnés l'aient été aux mêmes peines? — Non. — Qu'ils l'aient été pour le même fait? — Oui.

3. L'acquittement de l'auteur principal d'un crime ou délit entraîne-t-il celui des complices dans tous les cas ? — Non.

4. Les complices sont-ils responsables des circonstances aggravantes accompagnant le crime, s'ils les ont ignorées? — Il faut distinguer.

DROIT ADMINISTRATIF.

1. Quel est le tribunal compétent pour connaître des contraventions commises dans les rues faisant partie des grandes routes?

2. Quelle est l'autorité compétente pour régler l'indemnité due pour un dommage permanent occasionné à une propriété par des travaux d'utilité publique?

3. Lorsque l'arrêté du conflit est nul d'après l'ordonnance du 1er-11 juin 1828, le tribunal est-il obligé de surseoir?

DROIT COMMERCIAL.

1. L'art. 1202 C. N. s'applique-t-il aux matières commerciales? — Non.

2. Peut-on déclarer en faillite une société anonyme

Poitiers, impr. de A. Dupré, rue de la Ra...

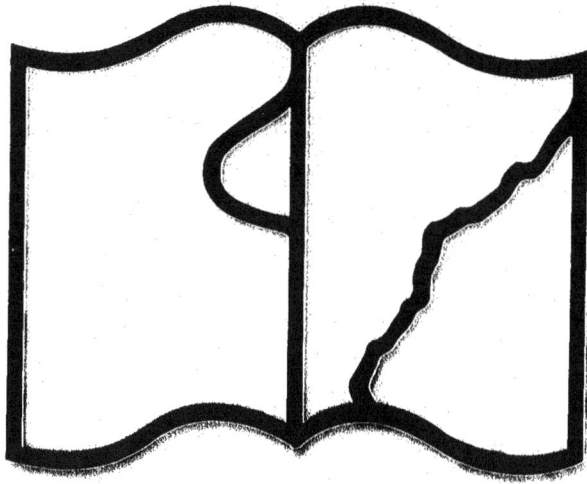

Texte détérioré — reliure défectueuse

NF Z 43-120-11

Contraste insuffisant

NF Z 43-120-14

www.ingramcontent.com/pod-product-compliance
Lightning Source LLC
Chambersburg PA
CBHW050615210326
41521CB00008B/1264